公務員のための
イチから学べる 地方自治法

伊藤卓巳・鈴木洋昌 著

公職研

＝ はじめに・本書の使い方 ＝

「公務員が地方自治法を学ぶ意味はなんなの？」

地方自治法をその都度調べながら日々の業務を行っている職員は少数派かもしれません。具体的な事務処理はマニュアルなどをもとに行えば無難に終わっていくことが多いといえます。そのような観点からすれば地方自治法を学ぶ意味は乏しいのかもしれません。

皆さんは、いずれ部下を持つ立場、すなわち、部下の仕事に責任を持つ立場となることでしょう。その部下への指導をマニュアルの説明のみとした場合、それは管理監督者としての職責を果たしたといえるでしょうか？

部下だけではなく、住民や事業者、あるいは議員から質問を受けた際に「マニュアルに書いてあるので」と答えることが公務員として妥当な対応でしょうか？

公務員は、国会において制定された法律などに基づき業務を行う必要があります。「公務員それぞれが勝手に判断して業務を行うことができるか？」「個人的に作成されたマニュアルのみを根拠に決定することができるか？」と問われれば、「ＮＯ」です。

マニュアルは、法令と業務とを結ぶ「架け橋」としては有益ですが、法令と肩を並べるものではありません。正確に業務を行い、住民などに説明責任を果たすためには、マニュアルの基となる法令を学ぶことが不可欠です。

地方自治法は改正される頻度が比較的多い法律といえ、本書でも示しているように、大規模な改正も定期的になされます。

地方自治法が改正された場合、マニュアルの改訂について検討する必要があります。そのような意味では、マニュアルが常に正しいものである保証はどこにもありません。知らないうちに地方自治法に反する事務処理をしていた、ということも十分想定されます。

また、地方自治法は、その改正のたびに「便利」になっている要素もあります。特に公金の収納や支払の事務は、地方公共団体の業務のバリエーションが、近年かなり増えています。いわば「知らなきゃ損」です。気が付いたら近隣の地方公共団体と差がついていた、なんてことにもなりかねません。

地方自治法は500を超える条文から成る法律であり、幾多の改正により体系的に整理されているとはいえない部分もあります。本書は、そのような地方自治法を30に分割し、昇任試験や実務に必要な部分を中心に取り上げています。
　では「その全てを直ちに学ぶ必要はあるの?」と問われれば、必ずしもそうではないでしょう。また、地方自治法の第1条から順々に学んでいく必要もありません。まずは自身の業務に関連する部分や関心のある部分から学び、それと関連付けられている部分へ手を伸ばすことも、1つの学び方といえます。
　また、昇任試験対策として地方自治法に関する様々な問題集があります。しかし、知識が不十分な段階で問題集に取り組んだとしても、満足な結果が得られるとは限りません。苦手意識を持つ可能性すらあります。
　まずは、問題集への取組と併せて、地方自治法の内容そのものを理解することが、昇任試験の対策としても、その後、管理監督者としての職責を果たす上でも、重要といえます。

　6ページに「地方自治法ＭＡＰ」を掲載しています。これは地方自治法を30に区分し、それぞれの関係を示した概略図です。
　例えば、内部管理の業務であればLesson 11～13、議会の業務であればLesson 9・10、収納業務であればLesson 14・16・21、支出業務であればLesson 14・15・17・18などが関連する項目として挙げられます。
　また、鳥瞰的に地方自治制度を学びたい場合は、Lesson 1～3や25～29が挙げられます。

　まずは関連する分野や関心のある部分から手を付け、そのあとは矢印に沿う、あるいはその逆を進むなど、徐々に学ぶ領域を広げていくことも可能です。
　地方自治法の学び方は1つではありません。本書を手に取った方が従事している業務や関心のある分野によって学び方は様々といえます。本書が、地方自治法の理解に資するなど皆さんの助けになれば幸いです。

伊藤卓巳
鈴木洋昌

＝凡　例＝

○法令（2025年4月1日時点施行のもの）

憲法	日本国憲法
自治法	地方自治法
	（なお、引用条文のうち法令の明示がないものは地方自治法の条文を示します）
施行令	地方自治法施行令
自治規則	地方自治法施行規則

○判例・裁判例

最大判	最高裁判所大法廷判決
最判	最高裁判所判決
高判	高等裁判所判決
地判	地方裁判所判決

○判例誌等

民集	最高裁判所民事判例集
集民	最高裁判所裁判集民事
刑集	最高裁判所刑事判例集
判タ	判例タイムズ
判時	判例時報
判自	判例地方自治
自治百選	『地方自治判例百選＜第5版＞』（有斐閣、2023年）
行政百選Ⅰ	『行政判例百選Ⅰ＜第8版＞』（有斐閣、2022年）

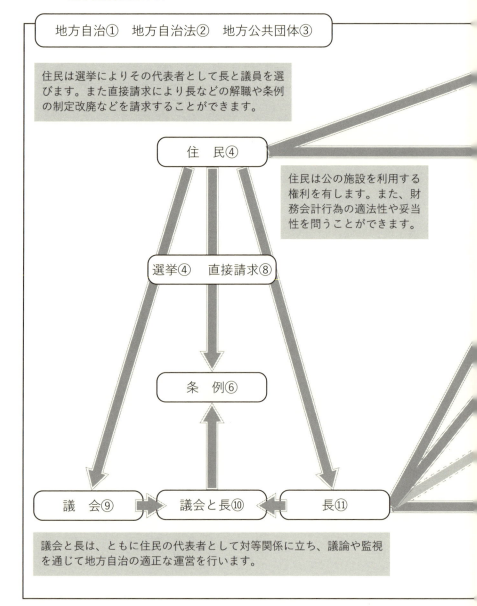

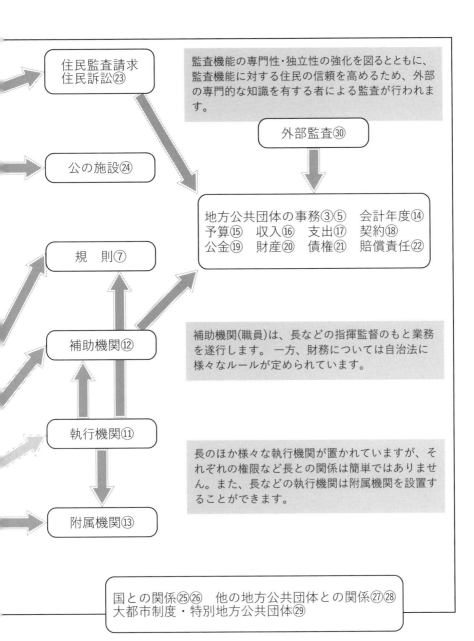

=目　次=

はじめに・本書の使い方 …………………………………………… 3

凡例 ………………………………………………………………… 5

地方自治法ＭＡＰ ………………………………………………… 6

Lesson 1 地方自治ってなんで必要なの？
憲法の規定と地方自治の本旨 …………………………………… 12

Lesson 2 地方自治法ってなんで大事なの？
地方自治法の概要と主な改正経過 ……………………………… 17

Lesson 3 地方公共団体にはどのようなものがあるの？
普通・特別地方公共団体、都道府県・市町村 ………………… 22

Lesson 4 住民にはどんな権利があるの？
住民の権利と義務 ………………………………………………… 30

Lesson 5 地方公共団体の事務ってなに？
自治事務と法定受託事務 ………………………………………… 34

Lesson 6 条例でできること、できないことはなに？
条例制定権と限界 ………………………………………………… 37

Lesson 7	規則ってなに？ 条例となにが違うの？
	条例と規則の差異と関係 ……… 45

Lesson 8	住民の声を直接地方の意思決定に反映できるの？
	直接請求のしくみ ……… 49

Lesson 9	議会ってなに？ どんな権限があるの？
	議会の権限と議員の地位 ……… 54

Lesson 10	議会と長の関係は？ 対立したらどうなるの？
	再議と専決処分 ……… 65

Lesson 11	執行機関ってなに？ それぞれの役割は？
	長の権限と執行機関多元主義 ……… 72

Lesson 12	補助機関ってなに？ その組織は？
	補助機関と内部組織 ……… 81

Lesson 13	附属機関や専門委員ってなに？ 違いは？
	附属機関の役割と条例主義 ……… 85

Lesson 14	会計年度ってなに？ なぜ必要なの？
	会計年度独立の原則 ……… 89

Lesson 15	予算ってなに？ 自由にやりくりできないの？
	予算の内容と総計予算主義 ……… 94

Lesson 16 収入ってなに？ 収入に必要な手続は？
収入の種類と方法 101

Lesson 17 支出ってなに？ 支出に必要な手続は？
支出の種類と留意点 106

Lesson 18 契約の方法は？ 民法は適用されるの？
契約の種類と手続 113

Lesson 19 公金はどう管理するの？ 決算の手続は？
公金の管理とその方法 121

Lesson 20 財産ってなに？ どんな種類があるの？
財産の種類と管理 126

Lesson 21 債権の種類は？ どうやって管理するの？
債権の種類と管理方法 132

Lesson 22 公務員は仕事をしていて賠償責任を負うの？
公務員の賠償責任とその一部免責 139

Lesson 23 署名を集めなければ監査は請求できないの？
住民監査請求と住民訴訟 142

Lesson 24 公の施設ってなに？
公の施設と指定管理者制度 149

Lesson 25 国と地方の関係はどうなっているの？
国の地方公共団体に対する関与 ……………………… 153

Lesson 26 国と地方の争いはどうやって解決するの？
国地方係争処理委員会 ……………………… 161

Lesson 27 都道府県と市区町村の関係はどうなっているの？
都道府県の関与、条例による事務処理特例 ……………………… 166

Lesson 28 地方は事務の共同処理にどう対応しているの？
事務の広域化・効率化 ……………………… 170

Lesson 29 大都市制度にはどのようなものがあるの？
指定都市、中核市、都区制度のしくみ ……………………… 176

Lesson 30 なぜ外部監査は必要なの？
包括外部監査・個別外部監査 ……………………… 182

巻末資料①・地方自治法等の改正経過 ……………………… 186

巻末資料②・自治体数の推移 ……………………… 188

参考文献 ……………………… 189

Lesson 1 地方自治ってなんで必要なの？

憲法の規定と地方自治の本旨

○地方自治は、地域の行政を行う上で重要な要素で、権力分立・市民教育・補完性の原理などから必要とされます。
○地方自治の本旨は、住民自治と団体自治からなります。
○自治権の由来には、固有説・伝来説・制度的保障説があり、わが国では、制度的保障説によるとされます。

　よく耳にする自治ってなんでしょうか。自治は、「自ら治める」と書き、自らのことを自らの手によって行うことといえます。戦前の日本では、中央集権的な体制のもと、自治は機能していませんでした。
　現在の日本では、地域の町内会・自治会も基本的には自治に基づいて日々の活動を行っていますし、大学などさまざまな団体にも自治は存在しています。このうち、地方自治は、自治法の根底にある重要な考え方です。

地方自治とはなにか

　地方自治は、地域住民の意思に基づく地方公共団体の活動の根本であり、その制度は、戦後の占領改革によって一定程度確立されました。
　この地方自治を定義すると、住民生活に密接に関わる地域の仕事を国から切り離して地域の共同体の手に委ねるとともに、地域住民の意思と責任に基づいて自主的に処理する地方行政のやり方といえます。

なぜ地方自治は必要か

　こうした地方自治の必要性は、権力分立・市民教育・補完性の原理という

点から説明することができます。

❖ 権力分立

国では、立法（国会）・行政（内閣）・司法（裁判所）という三権に権力が分立する三権分立によって、それぞれの機関が相互に抑制し合い、バランスを保っています。また、三権分立により、権力の濫用を防ぎ、国民の権利と自由を保障しています。

地方自治についても、地方公共団体に権限を分立することによって、国への過度の権限集中を防ぐという点から重要です。

❖ 市民教育

地方自治が「民主主義の学校」であるといったのは、イギリスの法学者・政治家であるジェームズ・ブライスです。地方自治は、地域住民の意向を踏まえた運営という側面に加え、地域住民が地域の政治を学ぶことができる側面ももっています。このように市民教育の点からも地方自治は重要です。

❖ 補完性の原理

補完性の原理は、小集団を包括する大集団は、小集団の自律的な決定を尊重するとともに、それが解決できない場合に補完的に担うべきとする考え方です。これを政治・行政の主体間で捉えれば、広域の政府は、狭域の団体・より小さな政府が果たせないことを担うべきといえます。この補完性の原理は、行政は住民に近い市区町村が第一義的に処理すべきという**基礎自治体優先の原則**と同様であり、地方自治が必要な根拠の1つです。

憲法は地方自治の本旨をどう規定しているか

戦前の大日本帝国憲法では、地方自治について全く定められていませんでした。このため、地方自治は保障されていたわけではなく、どのような地方制度を設けるかは国の政策に委ねられていました。

実際、戦前の1943年には、東京府（現在の東京都に相当）と東京市（現在の都の特別区に相当）の廃止により、東京都が設置され、旧東京市の区は都の内部的下級組織として位置付けられました。東京都は、国の官吏である都長官が統轄することとされました。

　戦後制定された憲法は、第八章として１つの章を設け、地方自治を保障しています。具体的には憲法92条で、地方公共団体の組織・運営に関する事項は、地方自治の本旨に基づいて、法律でこれを定めると規定しています。憲法41条で「国権の最高機関であつて、国の唯一の立法機関」と定められている国会であっても、地方自治の本旨に基づいて法律を制定する必要があります。

　また、憲法第八章には、92条も含め、図表１−１のような規定が置かれています。93条では議会の設置、長・議員等の直接選挙、94条では**自治財政権**、**自治行政権**、**自治立法権**を保障しています。特に、自治立法権は、地方自治の本旨を踏まえて制定された法律の範囲内で認められることに注意が必要です（⇒Lesson 6）。この点は実務で条例制定等に携わる場合に重要なポイントとなってきます。

　また、95条の**地方自治特別法**の規定は、国会であっても地方公共団体の自治権を侵害できないこと、つまり、自治権の保障を規定したものとされます。

図表１−１　憲法における地方自治の規定

92条	組織・運営に関する事項は、地方自治の本旨に基づいて、法律で定める。 →自治法等を制定
93条	・議事機関として議会を設置する。 ・長、その議会の議員などは住民が直接選挙する。
94条	地方公共団体は、その財産を管理し、事務を処理し、行政を執行する権能を有し、法律の範囲内で条例を制定することができる。
95条	特定の地方公共団体のみに適用される特別法は、地方公共団体の住民の投票において過半数の同意を得なければ、国会は、これを制定することができない。 →地方自治特別法の規定

戦後間もない頃は地方自治特別法が制定されましたが、近年ではこうした立法事例はありません。

地方自治の本旨とはなにか

自治法では、「地方自治の本旨」に関して、この法律が「地方自治の本旨」に基づいていること、地方公共団体に関する法令の規定は「地方自治の本旨」に基づかなければならないこと、その解釈・運用も「地方自治の本旨」に基づくことを定めています（1条、2条11・12項）。

このように憲法や自治法に規定されている「**地方自治の本旨**」について、その詳細は何ら定められておらず、一般的に、次のとおり「**住民自治**」と「**団体自治**」の2つの要素からなると解釈されています。

❖ 住民自治

住民自治は、住民の意思に基づき、地方公共団体の意思決定を行うという原則です。憲法は、地方公共団体の長・議会の議員の直接公選制を定め、自治法では、種々の住民の直接請求等を定めて、住民自治の原則を具体化しています。

❖ 団体自治

団体自治は、国から独立した地域団体（地方公共団体）を設け、この団体が自己の事務を自己の機関により、その団体の責任において処理するという原則です。憲法と自治法は、都道府県や市区町村の設置とともに、こうした団体が条例制定などの権能を有することを規定しています。

2000年の分権改革によってなにが変わったか

こうした地方自治の本旨の具現化は、2000年の分権改革後の自治法にも反映されています。具体的に、地方公共団体は、**住民の福祉の増進**を図ること

地方公共団体の組織・運営に関する制度

自治法は、憲法92条が定める地方公共団体の組織・運営に関する事項を定める法律の1つです。

このように地方行政について基本的・一般的な事項を定めた法律として、図表2-1のとおり、地方公務員法、地方財政法などを挙げることができます。一方、特定の行政分野の組織等を定めたものとして、地方公営企業法などがあります。

これ以外にも個別の事務処理について定めた法律が多く存在し、地方公共団体の個別分野の事務処理を規定しています。

図表2-1　地方公共団体の組織、運営に関する法律

憲法
組織・運営に関する事項は、地方自治の本旨に基づいて、法律で規定

自治法
地方自治の本旨に基づいて、地方公共団体の区分や地方公共団体の組織・運営に関する事項の大綱を規定

基本的・一般的事項を定める法律	特定の行政分野に関する法律
・公職選挙法 ・地方公務員法 ・地方財政法 ・地方税法 ・地方交付税法　等	・地方公営企業法 ・地方教育行政の組織及び運営に関する法律 ・警察法 ・消防組織法 ・農業委員会等に関する法律　等

（総務省資料より作成）

を基本として、**地域における行政を自主的・総合的に実施**する役割を広く担うと規定されました（1条の2第1項）。

また、中央集権の象徴的なものとされ、国の機関として地方公共団体に事務処理を行わせる**機関委任事務を廃止**し、**法定受託事務**と**自治事務**に区分しました（2条8・9項）（⇒Lesson 5）。さらに、地方公共団体に機関の設置等を義務付ける**必置規制の見直し**、通達に依存してきた国による地方公共団体への**関与の手続のルール化**、**係争処理機関の設置**などが行われました（⇒Lesson 25・26）。

こうした2000年の分権改革、さらには、その後の改革によって、団体自治の側面は拡充されました。引き続き、住民参加の機会を拡充することで、住民自治の側面を充実させていくことが求められています。

自治権の根拠

自治権の由来としては、次のとおり、**固有説、伝来説、制度的保障説**といったものがあります。日本の地方自治制度は、制度的保障説に基づくとされます。

固　有　説	国家の成立前から、地方公共団体が自治権を本来有しているとする説
伝　来　説	自治権は、国家の成立によって、国家から与えられたものとする説
制度的保障説	憲法を基本とする制度によって、自治権が保障されているとする説

Lesson 2　地方自治法ってなんで

地方自治法の概要

○地方公共団体の組織・運営に関する制度の基本的な事
　には、自治法・地方公務員法・地方財政法などがあり
○このうち、自治法は、地方自治の本旨に基づいて、地
　分や地方公共団体の組織・運営に関する事項を規定し
　となっています。

自治法を一見すると、「252条の17の2第1項ってなんだ」と感じる方もいると思います。戦後、幾度となく改正が行われあり条文が多くなっています。これは、国が法律で地方公共定している密度（規律密度）が高いことの表れであるとも

このような特徴を持つ自治法は、自治運営の共通ルールをり、地域政策に携わる人々が地方自治の仕組みを理解したり担当する業務を的確に行っていく上で、大変重要なものとな

地方自治法とは

一般法としての地方自治法

自治法は地方自治一般に関して定めた**一般法**であり、都市計祉法など、個別の事業を定めた**個別法**とは区別されます。一般り優先されるものではありませんが、ほかに規定がない場合に適用されます。

法定受託事務、自治事務といった事務の位置付けをはじめ、においても、自治法の規定を踏まえる必要があります。

❖ 地方公務員からみた地方自治法

　このように自治法の位置付けを説明されてもその内容を学習する必要性を感じない方もいると思います。

　例えば、都市計画、児童福祉といった、各個別法が存在する分野では、日々業務を行う上で自治法を意識することは少ないでしょう。実際、都市計画法、児童福祉法などの個別法やそのマニュアルに沿って業務を行えば、ひとまず問題ないともいえます。

　しかし、こうしたマニュアルでは、自治法に規定されている共通ルールが丁寧に説明されているとは限りません。むしろ、そのマニュアルでは、自治法に関することは「当然知っていること」として扱われているのではないでしょうか。とすると、日々行っている業務が、実は自治法に反したものである可能性もあります。

　「本来ならば条例に基づき行う必要があったのに…」「本来ならば議会の議決を経て進めるべき案件だったのに…」「本来ならば一般競争入札を経て締結すべき契約だったのに…」。みなさんも、このような事務ミスを聞いたことがあるのではないでしょうか。また、国のマニュアルや通知、行政実例（地方公共団体からの疑義に対して、省庁等が回答したものが公にされたもの）などであっても、裁判で妥当性が問われる場合があります。

◎重要判例　行政実例に倣って事務を行っていたところ、その行政実務の適法性が争われた事件

（最判平成17年11月21日民集59・9・2611）

【事実・ポイント】

　被告の長男が起こした交通事故の被害者が市立病院で受けた診療費等の支払につき、被告が連帯保証したとして、原告が被告に対し、その支払を請求したところ、民法に基づく3年の時効を主張した事案です。

　行政実例では、公立病院の診療に関する債権を公の施設の使用料（⇒Lesson 16・24）と解して時効の期間を自治法の規定に基づき5年としており、実務でも、これを踏まえ5年として運用していました。

公立病院の診療費等の時効が私立病院と異なるのかがポイントです。

【判決の概要】
　公立病院において行われる診療は、私立病院で行われる診療と本質的な差異はなく、その診療に関する法律関係は本質上私法関係というべきであるから、公立病院の診療に関する債権の消滅時効期間は3年としました。
　なお、2020年より、改正民法が施行され、時効の期間は5年とされています。

地方自治法の歴史と改正

　自治法は、憲法と同じ1947年5月3日に施行されました。自治法の施行まで、地方制度に関する法律は複数存在していました。具体的には、法律として位置付けられる府県制、市制、町村制が挙げられます。

　自治法は、こうした法律を一本化し、地方自治制度の基本法として制定されたものです。制定時の大きな特徴として、知事以下の都道府県職員の身分を官吏から地方公務員へ変更したことが挙げられます。

　その後、主な改正のみでも多くあり、現在に至るまで幾度となく改正が重ねられてきています（⇒巻末資料①）。

　都道府県制度については、2004年改正により、地方自治特別法の規定によらなくとも、自主的合併が可能となりました。

　市区町村制度については、1956年改正による**指定都市**制度創設（⇒Lesson 29）、1994年改正による**中核市**制度（⇒Lesson 29）や**広域連合**制度（⇒Lesson 28）の創設、1999年改正による特例市制度の創設が挙げられます。こうした制度創設により、規模能力に応じて多くの事務が市区町村に移譲されてきました。なお、特例市制度は、2014年改正により廃止され、中核市制度に統合されています。

　また、特別区については、1952年に廃止された**区長公選**が1974年に復活されました。1998年改正では、**基礎的な地方公共団体**として位置付けられ、清掃等の事務が区へ移管されました（⇒Lesson 29）。

議会については、2012年改正により、**再議制度の見直し**等が行われました(⇒Lesson 10)。

　監査については、1997年改正により**外部監査制度**が導入されたほか(⇒Lesson 30)、2017年改正により**内部統制**が制度化されています。

　近年、地方分権の後退が指摘される中で、2024年改正では、大規模な災害など国民の安全に重大な影響を及ぼす事態における特例として国が地方公共団体に行うことができる**補充的指示権**が創設されるに至っています。

◎重要判例　市町村合併処分取消訴訟における原告適格が争われた件
　　　　　(最判昭和30年12月2日民集9・13・1928。自治百選13)

【事実・ポイント】

　徳島県勝浦郡勝占村・多家良村・徳島市は、関係議会の議決を経て、自治法7条1項に基づき、知事に廃置分合の申請をしました。知事は、県議会の議決を経て、廃置分合の処分を行いました。

　この処分について、当該地方公共団体の住民に訴えの利益が認められるのかがポイントです。

【判決の概要】

　自治法7条1項による知事の処分は、関係市町村民の権利義務に関する直接の処分ではないとしました。その上で、住民の具体的権利義務の内容に変動があったとしても、それは間接的な結果に過ぎず、合併後は徳島市の住民として行使することができるとし、訴えを提起する法律上の利益を有しないとしました。

Lesson 3 地方公共団体にはどのようなものがあるの？

普通・特別地方公共団体、都道府県・市町村

> ○地方公共団体には普通地方公共団体と特別地方公共団体があります。
> ○普通地方公共団体には、広域自治体である都道府県と基礎自治体である市町村があり、市・町・村は人口規模等により決められ、事務配分も異なっています。
> ○特別地方公共団体には、地方公共団体の組合・財産区・特別区があります。特別区は、特別地方公共団体であり、基礎自治体です。

　日本の地域は、富士山の山頂などの例外を除き、いずれかの都道府県・市町村の区域に属しています。みなさんの住所も○○都道府県○○市町村などとなっているでしょう。

　日本では、二層制の地方自治制度が採用されており、都道府県・市町村のそれぞれが異なる役割を果たしながら、住民にサービスを提供しています。

　なお、特別区には、市の規定が適用され、本テキストでは基礎自治体を表すものとして「市区町村」を用いていますが、本Lessonでは、市町村としており、内容によっては特別区を含んでいます。

地方公共団体の種類

　地方公共団体は、**普通地方公共団体・特別地方公共団体**からなり、普通地方公共団体は**都道府県・市町村**、特別地方公共団体は**特別区**と地方公共団体の**組合・財産区**となっています（1条の3）。「特別」というと、なにが特別なのかと思われるかもしれませんが、特定の目的・事務をもった地方公共団体といった意味です。

普通地方公共団体とはなにか

普通地方公共団体は、都道府県と市町村からなります。それぞれの役割分担に沿った上で、両者の事務が相互に競合しない（**競合回避義務**）、最少の経費で最大の効果を挙げる（**最少経費最大効果原則**）、国の事務ではないなど、制限はありますが、その事務は限定されるものではありません。

図表3−1　地方公共団体の種類

普通地方公共団体	都道府県	
	市町村	指定都市：人口50万以上の市のうちから政令で指定
		中核市：人口20万以上で市の申出に基づき政令で指定
		その他の市：人口5万以上ほか
		町村：町は都道府県条例で定める要件を具える必要あり
特別地方公共団体	特別区 ：大都市の一体性・統一性の確保の観点から導入されている制度	
	地方公共団体の組合（一部事務組合・広域連合）・財産区 ：特定の目的のために設置されるもの	

※2011年5月の法改正により特別地方公共団体として規定されていた全部事務組合・役場事務組合・地方開発事業団は廃止されました。

❖ 都道府県とは

都道府県は、市町村を包括する広域の団体をいいます。その事務は、①**広域事務**、②**連絡調整事務**、③**補完事務**となります（2条5項）。①は市町村の区域を越えた医療政策など、②は市町村との連絡調整、③は高校や特別支援学校の整備などが挙げられます。

なお、都は、特別区の区域において、人口が高度に集中する大都市地域における行政の一体性・統一性の確保の観点から一体的に処理する必要がある事務も処理します（⇒Lesson 29）。

❖ 市町村とは

　市町村は、住民に身近なサービスを提供する基礎的な団体（**基礎自治体**）であり、都道府県が処理するものを除き、地域における事務を処理します（2条3項）。また、指定都市など、人口規模に応じた事務配分の特例が設けられています。

　都道府県の事務は類型的に規定されていますが、**基礎自治体優先の原則**により、市町村は、都道府県が処理するものを除き、地域における事務などを処理すると一般的・包括的に規定されています（2条3項）。

　市と町村との違いとして、市では福祉事務所が必置であるなど、担う事務が異なっていますが、町と村との違いは人口要件などが異なる以外、事務配分上の違いはほとんどありません。

　このように人口規模により事務配分が変えられており、広域自治体である都道府県が必要に応じて市町村を補完することになります。

❖ 市とは

　市の要件として自治法は人口5万以上など、次のものを定めています（8条1項）。

・人口5万以上を有すること
・中心市街地の区域内の戸数が、全戸数の6割以上であること
・商工業などの都市的業態に従事する者・その者と同一世帯に属する者の数が、全人口の6割以上であること
・上記のほか、都道府県の条例で定める都市的施設などの都市としての要件を具えていること

　なお、人口5万未満となっても市が町や村になるわけではありません。小規模な市では町村より多くの事務を担う上で、効率的に事務を処理したり、専門性を確保するため、広域処理等の仕組みを活用していくことも求められます。特に、2000年の分権改革以降、基礎自治体優先の原則に基づき、権限

移譲が進められており、市は多くの権限を有するようになってきています。具体的には、都市計画決定の一部、墓地の経営許可、騒音規制などの権限が市に移譲されてきました。こうした中では、広域処理等を活用する必要性も高いといえます。

なお、市の要件のうち、都道府県条例で定める要件については、都道府県が「都市としての要件に関する条例」などとして制定しており、税務署や職業安定所などの官公署、学校や図書館などの文化施設の数といった主要な施設の配置等が規定されています。

事務配分以外の町村との相違として、長の行う議会の招集告示について、市は開会の7日前までであるのに対して、町村は3日前であること、議決を要する契約等の金額が異なることなどがあります（101条7項、施行令別表3など）。

❖ 町とは

町となる地方公共団体は、都道府県の条例で定める町としての要件を具えていなければならず（8条2項）、都道府県は「町としての要件に関する条例」などを制定し、具体的には人口等を要件として規定しています。人口要件は都道府県により異なっています。

特別地方公共団体とはなにか

特別地方公共団体は、専門的な処理など特定の目的、事務をもって設立された団体です。なお、財産区は、財産や公の施設の管理・処分の権能を有する団体です（294条）。

❖ 特別区とは

特別区は、人口が高度に集中する大都市地域での行政の一体性・統一性の確保の観点から設けられた都の区のことで（281条・281条の2）、指定都市の内部組織である**行政区**とは異なります（⇒Lesson 29）。

❖ 地方公共団体の組合とは

　地方公共団体の組合には、事務の一部を共同処理するための**一部事務組合**、広域処理が適当であるものについて広域計画を作成して、その事務の執行管理などを行う**広域連合**があります。例えば、一部事務組合はごみ処理などに関するもの、広域連合は後期高齢者医療制度に関するものなどが設置されています（⇒Lesson 28）。

地方公共団体の名称

　自治法は、地方公共団体の名称について、従来の名称によるとのみ定めており（3条1項）、自治法施行前の名称がそのまま受け継がれています。この名称を変更する際には次の手続が必要となります。

❖ 都道府県の名称変更

　都道府県の名称の変更は法律で定めるとされ（3条2項）、名称を変更する場合には、憲法に基づく地方自治特別法の住民投票が必要です。

❖ 都道府県以外の名称変更

　都道府県以外の地方公共団体の名称変更は、知事に協議の上、その条例で定める必要があります（3条3・4項）。

地方公共団体の区域

　自治法は、地方公共団体の区域についても、名称と同様に、従来の区域によると定めています（5条1項）。この上で、区域変更として廃置分合・境界変更の手続を規定しています。

❖ 廃置分合・境界変更とは

　区域変更のうち、廃置分合は、地方公共団体の新設や廃止など、法人格の

変動が伴うものをいいます。具体的には、次のとおり、①分割、②分立、③合体、④編入の4種類に分けられます。一般的な市町村合併には、合体（新設合併、対等合併）と編入（吸収合併）の2種類があります。

① 分割：一の地方公共団体を廃し、その区域を分けて数個の地方公共団体を置くこと
② 分立：一の地方公共団体の一部の区域を分けて、その区域をもって新しい地方公共団体を置くこと
③ 合体：二以上の地方公共団体を廃してその区域をもって一の地方公共団体を置くこと
④ 編入：地方公共団体を廃して、その区域を既存の他の地方公共団体の区域に加えること

図表3－2　廃置分合の類型

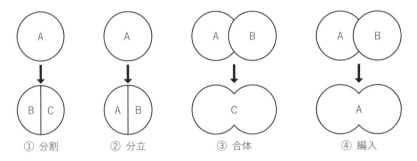

また、境界変更は、法人格の変動を伴わない地方公共団体の区域の変更をいいます。

❖ 都道府県の廃置分合・境界変更の手続

都道府県の廃置分合・境界変更は法律で定める必要があり（6条1項）、その法律は地方自治特別法となり、住民投票等の手続が必要になります。また、都道府県の境界にわたる市町村の設置や境界の変更があったとき、従来地方

公共団体の区域に属しなかった地域を市町村の区域に編入したときは、都道府県の境界も自ら変更することになります（6条2項）。

　都道府県の自主的な合併（合体・編入）の場合には、議会の議決を経た関係都道府県の申請に基づき、内閣が国会の承認を経てこれを定め、総務大臣がその旨を告示し、効力を生じます（6条の2）。この手続は、都道府県を廃してより広域な地方公共団体を設ける道州制の議論が進められる中で、自治法改正により導入されたものです。法律で定める必要がないことから、地方自治特別法には該当せず、住民投票は不要です。ただし、法改正以降、実際の適用例はありません。

❖ 市町村の廃置分合・境界変更の手続

　同一都道府県内の市町村の廃置分合・境界変更は、当該市町村が都道府県に対して申請を行い、都道府県議会の議決を経て定め、総務大臣に届け出なければなりません（7条1項）。また、総務大臣は告示と関係行政機関の長へ通知をしなくてはなりません（同条7項）。さらに、市の廃置分合・境界変更については事前に総務大臣に協議し、同意を得なければなりません（同条2項）。都道府県知事への申請には関係のある団体の議会の議決が必要です（同条6項）（⇒21ページの重要判例）。

　都道府県の境界にわたる市町村の設置を伴う廃置分合・境界変更については、関係のある地方公共団体による議会の議決を経た申請に基づき、総務大臣が定めることになります（7条3項）。

　なお、特別区については、市町村の廃置分合・境界変更の規定は適用されず（281条の3）、自治法281条の4などによります。ただし、基本的な手続は同様となっています。

　また、都道府県知事は市町村の規模適正化のため、廃置分合等の計画を定め市町村に勧告することができます（8条の2）。

◎重要判例　町の境界について争われた事件

(最判昭和61年5月29日民集40・4・603。自治百選10)

【事実・ポイント】

　筑波山の山頂付近において、真壁町と筑波町（ともに茨城県）は境界を接しているものの、その境界については明治時代から論争があり、確定していませんでした。

　この事件では、境界確定の基準がポイントです。

【判決の概要】

　町村の境界に関し争論がある場合で、明治以降当該境界の変更・確定がなされておらず、江戸時代の関係町村の当該係争地に対する支配・管理・利用等のおおよその区分線がわかるときは、これを基準に定めるとしました。

【関連判例等】

　近年の事例として海面の埋立地の区域編入があります。東京都の太田区と江東区の境界について、等距離線（水際線への最短距離が等しい点を結んだ線）を基礎として実際の利用状況等による修正を加えた線により確定するのが妥当としました（自治法に基づく境界確定請求事件（東京地判令和1年9月20日判時2442・38））。

column

地方公共団体、地方自治体（自治体）、地方政府

　憲法・自治法では、都道府県や市町村などを表す用語として、地方公共団体が用いられています。そのほかに、地方自治体（自治体）、地方政府といった用語があります。本書では、自治法のテキストという性格を踏まえ、法にあわせ、地方公共団体という用語で統一しています。

地方公共団体	法令用語として国の文書で広く用いられ、地方に置かれた公的団体であり、自律的な団体という語感が弱い。
地方自治体（自治体）	法令や国の文書など以外で一般的に使われ、自治権をもつ団体という語感がより強い。
地方政府	限定的に用いられ、国とは別の政府という語感が強い。

Lesson 4 住民にはどんな権利があるの？

住民の権利と義務

○住民の要件は、住所のみで、法人、自然人を問いません。
○住民は、選挙権等の権利を有する一方、負担を分任する義務を負っています。
○選挙権は外国人には認められないなど、具体的な住民の権利は、その内容により異なっています。

　地方公共団体における自治の主体は「住民」です。住民は、政策形成や実施といった地方公共団体の活動のあらゆる場面でかかわっています。住民参加が必要だとされ、政策形成過程では、附属機関の委員となって意見を述べたり、実施の段階では、民生委員のように、非常勤の地方公務員として地方公共団体の事務を担う場合もあります。また、地方公共団体において政策・施策を考えていく上ではその対象となる住民をどうするかは重要なポイントです。
　自治法は、住民を権利や義務の主体として捉えています。

住民とは

　市区町村の区域内に住所を有する者は、当該市区町村・これを包括する都道府県の住民です（10条1項）。つまり、**住所要件**を満たせば、法人、自然人を問わず、また日本国籍の有無にかかわらず、**住民**となります。こうした住民は、法律の定めるところにより、その属する地方公共団体の**役務の提供を等しく受ける権利**を有し、その**負担を分任する義務**を負っています（同条2項）。
　ただし、選挙権、条例の制定改廃請求などは**国籍要件**が定められています。

❖ 住民の権利

　自治法では、住民の権利等を図表4-1のとおり規定しています。例えば、**住民監査請求**の権利は、**日本国民たる住民以外**にも認められています（242条1項）。

図表4-1　住民の権利

権利の内容	対象となる住民の区分
役務の提供を等しく受ける権利（10条2項）	住民（外国人、法人含む）
参政権： ・選挙に参加する権利（11条） ・直接請求権（条例制定改廃、事務監査、議会解散、議員・長等の解職）（74条など） ・当該地方公共団体のみに適用される地方自治特別法制定の賛否の住民投票（憲法95条）	日本国民たる住民（年齢、居住期間（3か月以上区域内に住所を有する）等の要件有） ※長の被選挙権には住所要件なし
住民監査請求、住民訴訟（242条、242条の2）	住民（外国人、法人含む）
議会などへの請願、陳情（124条、請願法など）	他の地方公共団体の住民含む（外国人、法人を問わない）

❖ 選挙権・被選挙権

　選挙権は、日本国民たる住民が地方公共団体の選挙に参与する権利のうち、長・議員を直接選挙する権利です。年齢要件は満18歳以上で、引き続き3か月以上当該区域内に住所を要する必要があります（18条）。

　被選挙権は、日本国民たる住民が地方公共団体の選挙に参与する権利のうち、長・議員の選挙で当選人となりうる権利です。長は、住所要件が不要となっています。また、議員・市区町村長の年齢要件は満25歳以上、知事は満30歳以上となっています（19条）。

　特別地方公共団体である広域連合の長や議会の議員も選挙人の投票によることができます（291条の5）。ただし、実際には構成する地方公共団体の議会の選挙で議員が選ばれ、同様に構成する地方公共団体の長の選挙により長が選ばれています。

選挙権・被選挙権ともに、拘禁刑（従来は「禁錮」でしたが、2025年6月から「拘禁刑」に改められます。）以上の刑に処せられ、刑の執行を終わるまでなど、一定の事由に該当する場合には、認められません。

図表4-2　選挙権と被選挙権

	選挙権	被選挙権		
		議員	長	
			都道府県知事	市区町村長
年　　齢	満18歳以上	満25歳以上	満30歳以上	満25歳以上
住所要件	必要	必要	不要	
国　　籍	日本国民			

※住所要件として引き続き3か月以上区域内に住所を有する必要があります。

なお、知事や市区町村長で住所要件が不要となっている理由としては幅広く人材を集める必要があることなどが挙げられます。

❖ 住民投票制度

住民が自らの意思を表明する手法として住民投票制度を挙げることができます。この住民投票には図表4-3のとおり、法律に基づくものと、地方公共団体の条例に基づくものがあります。

前者の場合、対象は日本国民たる住民に限られます。また、**拘束型**といわれ、その結果は法的拘束力を有します。例えば、主要公務員等の解職請求に関して、住民投票の結果、賛成多数であれば、当該主要公務員等は職を失うことになります。

一方、後者は**諮問型**といわれます。自治法が規定する議会や長の権限を制限することなどから、投票結果に拘束力を持たせることはできず、尊重義務が生じるにすぎません。外国人にも投票権を認めるものがあるほか、一定の投票率に達しないときには開票しないものもあり、地方公共団体により、投票の位置付けなど制度設計が異なっています。

図表4−3　住民投票の類型

根拠	内容	投票結果の効果
法律に基づく住民投票	・地方自治特別法の住民投票（憲法95条） ・主要公務員等の解職請求に係る住民投票（76条ほか） ・合併協議会の設置に係る住民投票（市町村の合併の特例に関する法律） ・特別区設置協定に係る住民投票（大都市地域における特別区の設置に関する法律）	法的拘束力あり
条例に基づく住民投票	・実施のたびに条例を制定して行うもの ・常設型条例に基づき実施するもの（要件充足で実施）	法的拘束力なし 尊重義務

❖ 外国人への地方参政権の付与

　外国人の地方選挙への参政権（地方参政権）について、最高裁判所は日本国民にのみ認められるとした上で、その有無は立法政策上の問題としています。

　こうした外国人への地方参政権の付与の是非については、地方公共団体が自治基本条例や住民投票条例を制定し、住民の範囲を規定する際にも重要な論点の1つになります。

◎重要判例　選挙権が日本国民以外の者に認められるか争われた事件
　　　　（最判平成7年2月28日民集49・2・639。自治百選15）
【事実・ポイント】
　日本国民たる住民だけが地方公共団体の議会の議員・長の選挙権を有するとされており、外国人には認められていません。日本国民にだけ選挙権を認めていることの是非がポイントです。
【判決の概要】
　憲法の基本的人権の保障は、権利の性質上国民のみとしているものを除き、在日外国人にも等しく及ぶとしました。この上で、公務員の任免権は国民にあり、国民主権の原理における国民とは日本国民にほかならず、憲法93条2項の地方公共団体の長等を選挙する権利を有する住民は日本国民としました。ただし、選挙権を在日外国人に認めることは憲法上禁止されているわけではなく、立法政策上の問題であるとしています。

Lesson 5 地方公共団体の事務ってなに？

自治事務と法定受託事務

> ○地方公共団体の事務は自治事務と法定受託事務に区分されます。
> ○国と地方公共団体の事務の区分の考え方は自治法に規定されており、国は地方の自主性・自立性が十分に発揮されるよう配慮する必要があります。

　地方公務員は日々具体的な業務を行っているため、「地方公共団体の事務」といわれても、漠然としていてピンとこないかもしれません。しかし、国・都道府県・市区町村の事務のすみ分け・位置付けやその考え方を理解した上で日々の業務がどれにあたるのか理解すると、単にマニュアルに沿って業務を行うよりも大きな視野で業務に向き合うことができるでしょう。

地方公共団体と国の事務の区分

　地方公共団体の事務とは、地方公共団体がその目的に従って行う施策や事業のことをいいます。地方公共団体は、住民の福祉の増進を図ることを基本として、地域の行政を自主的・総合的に実施する役割を広く担うとともに（1条の2第1項）、地域における事務などで法律や政令に規定されたものを処理します（2条2項）。よって、住民に身近な施策や事業はできる限り地方公共団体に委ねられているといえます。

　一方、自治法1条の2では、国と地方公共団体の役割の原則を規定し、国が重点的に担う役割として、次のものが例示されています。

・国際社会における国家としての存立にかかわる事務（例：外交、防衛、通貨）
・全国的に統一して定めることが望ましい国民の諸活動や地方自治に関する

基本的な準則に関する事務（例：生活保護基準、労働基準）
・全国的な規模で、または全国的な視点に立って行わなければならない施策や事業（例：公的年金、基幹的交通基盤）

さらに、国と地方の間の「適切な役割分担」を定め、国に対し、地方の自主性・自立性が十分に発揮されるよう配慮義務を課しています。

そして、自治法は、地方公共団体の事務を、大きく「自治事務」と「法定受託事務」に区分しています（2条8・9項）。

自治事務は「地方公共団体が処理する事務のうち法定受託事務以外のもの」とされ、法令上は積極的な定義がなされていません。これは、自治事務自体が地方公共団体の事務の基本であって非常に幅広いものであることによるものです。自治事務を正確に理解するためには、まずは法定受託事務について理解することが必要です。

法定受託事務とは

法定受託事務は、国が本来果たすべき事務を都道府県・市区町村が行うもの（第一号法定受託事務）と、都道府県が本来果たすべき事務を市区町村が行うもの（第二号法定受託事務）に区分されます。市区町村は第一号法定受託事務と第二号法定受託事務の双方を担いますが（図表5－1、次ページ）、都道府県は第一号法定受託事務のみを担います。

法定受託事務の典型例は、戸籍に関する事務や衆議院議員・参議院議員の選挙事務です。

法定受託事務は、国や都道府県においてその適正な処理を特に確保する必要があるものとして法律・政令により特に定める事務となります（2条9項）。よって、法定受託事務は、全て、各個別法に規定されるとともに自治法や施行令にも規定されています。

図表 5 − 1　市区町村の事務

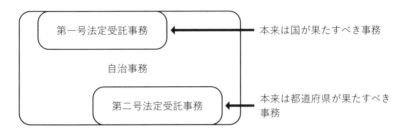

自治事務と法定受託事務はなにが同じで、なにが違うか

① 同じもの

　法定受託事務は、国などの事務を地方公共団体が行っているものですが、地方公共団体の事務であることに変わりはなく、法定受託事務に関し条例を制定することも可能です。

② 違うもの

　一方、法定受託事務は、国や都道府県においてその適正な処理を特に確保する必要があることから、自治事務に比べ、国などの関与がより強く認められています（⇒Lesson 25）。

　また、行政不服審査法に基づく審査請求も、全国的な統一性の確保や事務の適正処理の確保の観点から、都道府県知事や市区町村長などが行った処分であっても、国や都道府県知事などへの審査請求が認められています（255条の2）。

　さらに、議会の議決・検査権・監査請求権・調査権（⇒Lesson 9）は、原則として法定受託事務にも及ぶものの、国の安全を害するおそれがある事務などは除かれています（96条2項、98条1項など）。監査委員の権限も同様です（施行令140条の5第2項など）。

Lesson 6 条例でできること、できないことはなに？

条例制定権と限界

○条例は地方公共団体が定める法令ですが、国の法令の範囲内で定める必要があります。
○条例が国の法令の範囲内であるか否かは、国の法令の目的や趣旨などを考慮して、慎重に検討する必要があります。
○住民の権利を制限する場合や住民に義務を課す場合は条例を根拠とする必要があります。それ以外にも、条例で定める必要がある事項は多数あります。

「条例」と聞くと非常にハードルが高いと感じる方もいるかもしれません。条例は、地域における諸課題を解決する法的ツールといえます。また、地方公共団体の事務は法令に基づき行われることが基本であるとともに、法律や政令が改正されることに伴い条例を新たに制定したり改正する業務を担当することも十分ありえます。したがって、条例に関する理解を深めることは全ての職員に求められることといえます。

条例とは

憲法94条は、「地方公共団体は、その財産を管理し、事務を処理し、及び行政を執行する権能を有し、法律の範囲内で条例を制定することができる」と規定しています。これは、地方公共団体が、その自治権に基づく法令として、条例を制定する権限（条例制定権）を持つことを定めているとされています。

この憲法の規定に基づき、自治法は、地方公共団体は、法令に違反しなければ、その事務に関し、条例を定めることができると規定しています（14条

1項)。

　なお、条例は、国の法令などの委任に基づくもの（委任条例）と、委任に基づかないもの（自主条例）に区分されます。委任条例は、法律において全国統一的な政策の骨格を定めつつ、地域の実情に応じたキメの細かい政策を可能とするものです。自主条例は、国の政策とは別に、地方公共団体が独自の政策を実施する場合に用いられます。

条例制定権の範囲と限界

　条例は、「地方公共団体の事務であること」と「国の法令の範囲内であること」が必要です（14条1項）。

❖ 地方公共団体の事務であること

　地方公共団体は、その事務（自治事務・法定受託事務）について条例を定めることができます。一方、国の事務であるものや、ほかの地方公共団体の事務であるものなど、その地方公共団体の事務ではないものや権限外であるものについて条例を定めることはできません。

　また、地方公共団体の事務ではあるものの、長などの執行機関の専権的事項であるものは、条例の対象とはなりません。このような事務は長などで処理すべきものであり、議会の関与が認められていないためです。

　例えば、「長の直近下位の内部組織」は条例事項となっていますが、より下位の内部組織の設置に関することは規則で定めます。

❖ 国の法令の範囲内であること

　条例は**国の法令の範囲内**で定めることができます。したがって、地方公共団体は、国の法令に反する条例を定めることはできません。仮にそのような条例を定めたとしても、条例の効力は生じません。

　そして「いかなる場合に国の法令に反することになるのか」ということがポイントとなりますが、おおむね図表6－1のような考え方になります。

図表 6 - 1　条例と国の法令の関係

条件1	条件2	結論
ある事項について国の法令の規制がない。	いかなる規制も行わない趣旨である。	当該事項について条例で規制することはできない。
	いかなる規制も行わない趣旨ではない。	当該事項について条例で規制することができる。
ある事項について国の法令の規制がある。	国の法令と条例とで、その目的や趣旨が異なる。	
	国の法令と条例とで、その目的や趣旨が同じである。	①上乗せ条例や②横出し条例の問題となる。

　①**上乗せ条例**とは、国の法令による規制内容の基準をより厳しくする条例と、国の法令による規制形態をより厳しくする条例（例えば、国の法令では届出制であるものを、より厳しい許可制にするものが挙げられます）に分けられます。

　②**横出し条例**とは、国の法令では規制がなされていない項目・対象について規制の対象とする条例です。例えば、国の法令では一定の基準（例えば従業員の数）を超える事業者のみ何らかの規制を行っている場合に、条例でその基準に満たない事業者も対象にするものが挙げられます。

　「上乗せ条例」「横出し条例」は、国の法令において許容されていることが明記されていれば問題ありません。また、明文で規定されていなくとも、国の法令の趣旨や目的、内容や効果、地域的事情の相違の程度などを総合的に勘案し、国の法令が「上乗せ条例」「横出し条例」を否定しない趣旨である場合は、当該条例は違法なものではないと考えられています。

◎**重要判例**　条例が違法であるか否かが争われた事件
　　　　　　（最大判昭和50年9月10日刑集29・8・489。徳島市公安条例事件・自治百選33）

【事実・ポイント】

　道路・広場など公共の用に供される場所で集会や行進を行うためには許可が必要ですが、公安条例では、許可の際に付した条件や遵守事項に違反した場合、道路交通法よりも不明確な規定で、かつ、重い罰則を定めていました。上記のとおり、条例は国の法令の範囲内である必要がありますが、そのような公安条例が違法なものであるか否かがポイントです。

【判決の概要】

　条例が国の法令に違反するかどうかは、両者の対象事項と規定文言を対比するのみでなく、それぞれの趣旨・目的・内容・効果などを勘案し、両者の間に矛盾牴触があるかどうかによってこれを決しなければならないとした上で、図表6－1の考え方を示し、公安条例は違法ではないと結論付けました。

条例で規定することが必要な事項

　地方公共団体は、住民に対し義務を課したり、住民の権利を制限する場合は、法令に定めがある場合のほか、条例を根拠とする必要があります（14条2項）。

　また、自治法などの国の法令において条例を定める必要があるとされている場合も多数あります。

　自治法において条例で定める必要があるとされている主な事項とその根拠条文は、次のとおりです。

・地方公共団体の休日（4条の2）
・議会議員の定数（90条1項、91条1項）
・自治法で規定されたもの以外の議会の議決事件（96条2項）
・議会の定例会の回数（102条2項）
・附属機関の設置（138条の4第3項）
・長の直近下位の内部組織の設置やその分掌する事務（158条1項）

- 職員の定数（138条6項、172条3項、191条2項、200条6項）
- 議会議員に対する報酬・費用弁償・期末手当（203条4項）
- 職員の給与などの給付（203条の2第2・4・5項、204条2・3項、204条の2）
- 分担金・使用料・手数料（228条1項）
- 使用料や手数料を証紙で収入すること（231条の2第1項）
- 基金の設置・管理・処分（241条1・8項）
- 長等の損害賠償責任の一部免責（243条の2の7第1項）
- 公の施設の設置・管理（244条の2第1項）
- 指定管理者による管理（244条の2第3項）

刑罰と過料

　地方公共団体は、法令に特別の定めがあるものを除くほか、条例に違反した者に対し、2年以下の拘禁刑・100万円以下の罰金・拘留・科料・没収の刑や5万円以下の過料を科する旨の規定を、条例に設けることができます（14条3項。従来は「懲役・禁錮」でしたが、2025年6月より「拘禁刑」に改められます）。

　これらのうち、拘禁刑・罰金・拘留・科料・没収は「行政刑罰」といわれ、刑事訴訟法の適用を受けます。

　一方、過料は、行政手続などの違反者に対し、行政上の秩序を維持するために科されるもので、一般に「行政上の秩序罰」といわれます。過料は刑罰ではないため、刑事訴訟法の適用を受けず、行政刑罰と併せて科すこともできます。地方公共団体が過料を科す場合は、長の行政処分として行われ（149条3号）、その際、相手方に弁明の機会を与える必要があります（255条の3）。

　地方公共団体が独自に行政刑罰を科す場合は、条例を根拠とする必要がありますが、過料は、条例のほか規則でも規定することができます。

　なお、実際に刑罰を科す際の司法手続は検察が行います。よって、地方公共団体が行政刑罰を条例で定める場合は、国の法令との関係で問題があるか、

罰則に関する規定が明確であるかなどについて、あらかじめ検察と協議することが定着しています。

条例の効力

条例は、その地方公共団体の区域内において効力を有する（適用される）のが原則です（属地主義）。よって、その区域内であれば、原則として、その地方公共団体の住民であるか否かを問わず、適用されます。

一方、公の施設の区域外設置（244条の3第1項）の条例は、区域外の住民にも適用されます。また、事務の委託を受けた地方公共団体の条例は、委託をした地方公共団体の住民にも適用されます（252条の16）。

条例の制定手続

条例を制定し、その効力を生じさせるまでには、議会への提出、条例の議決、条例の公布、条例の施行といった手続が必要となります。

まず、条例を議会に提出することができる主体は、次のとおりです。

・長（149条1号）
・議員（112条。なお、議員定数の12分の1以上の賛成が必要）
・議会の委員会（109条6項）

一方で、例えば長の直近下位の内部組織の設置などは長のみに提出権があるとされています。さらに、議会の委員会の設置など議会側のみ提出権を有する条例もあります。

なお、新たな予算を伴う条例は、適確な予算措置を講じてから議会に提出する必要があります（222条1項）。予算措置がなされる見通しのない状態で予算を伴う条例を提出することは、財政の計画的運営と健全性を阻害するためです。

議会に提出された条例は出席議員の過半数の賛成により可決されます。一方、上記のとおり、議会にも条例の提出権があることから、長が提出した条例を議会が修正した上で可決することも可能です。

そして議会で条例が可決された場合の手続は図表6−2のとおりです。

図表6−2　条例可決後の手続

```
┌─────────────────────────────────────────────────────┐
│ 議長：可決された日から3日以内に長に送付（16条1項）   │
└─────────────────────────────────────────────────────┘
                          ↓
┌─────────────────────────────────────────────────────┐
│ 長：議長から送付を受けた日から20日以内に条例を公布（16条2項）│
│ 　　ただし、再議に付すことができる（⇒Lesson 10）     │
└─────────────────────────────────────────────────────┘
```

「公布」とは、成立した条例を一般住民に広く周知することをいいます。公布に関する手続などは、「公告式条例」などの地方公共団体の条例で規定されています（16条4項）。

また、「施行」とは、条例の規定の効力を発動させることをいいます。自治法では、公布の日から起算して10日を経過した日から施行する旨の規定があります（16条3項）。

しかし、多くの条例は施行する日（施行期日）を自ら定めており、その場合は、条例で定めた日が施行期日となります。

なお、条例において施行期日を定めたとしても、公布は必須の手続であり、公布がなされない条例が施行することはありません。

都道府県条例と市区町村条例の関係

市区町村と都道府県の事務配分について、自治法は、住民に最も身近な基礎自治体である市区町村に優先的に事務を配分すると規定しています。この考え方からすれば、市区町村条例と都道府県条例は競合することはないといえます。事実、都道府県と市区町村は、その事務を処理する場合は、相互に競合しない旨が定められています（2条6項、281条の2第3項）。

しかし、実際は市区町村の事務と都道府県の事務とが競合することもあり

ます。この場合、市区町村は、都道府県の条例に違反してその事務を処理してはならず（2条16項後段）、これに反する行為は無効となります（同条17項）。

よって、市区町村と都道府県とは対等な関係ですが、都道府県条例と市区町村条例とが矛盾する場合は、条例に関しては都道府県条例が優先することになります。

Column
条例の全面見直しを迫った法律

従来、個人情報については、国の行政機関や民間企業は各法律に基づき、地方公共団体は各条例に基づき管理していました。そのため、個人情報の定義、義務の内容、罰則などに不統一があり、それが国内外の情報流通などを阻害する要因となっていたといわれています。

この不統一を修正したものが、2021年5月に改正され、2023年4月から施行された個人情報の保護に関する法律です。これにより、地方公共団体も、議会などを除き、同法が全面的に適用されることになりました。

それに伴い、多くの地方公共団体は個人情報保護条例の全面見直しを迫られ、確認できた限りでは、全ての条例が「法律施行条例」となりました。「自主条例から委任条例になった」ともいえます。

従来の不統一部分を統一すること自体は合理性があります。また、国においても、法改正に当たっては多くの個人情報保護条例を研究したようで、実務上の取扱いはあまり変わっていないともいえます。

しかし、国に先んじて個人情報保護条例を制定し、研究や実績を積み重ねてきた地方公共団体の中には、複雑な心境を抱いたところもあったのではないでしょうか。

Lesson 7 規則ってなに？ 条例となにが違うの？

条例と規則の差異と関係

○規則は地方公共団体の長や執行機関が定める法令であり、条例と同様に、国の法令の範囲内で定める必要があります。
○条例とは異なり、規則に義務を課し、権利を制限する規定や刑罰に関する規定を置くことはできません。
○内部組織に関することや財務に関することなど、自治法や施行令において規則で定める必要があるとされている事項は多くあります。

多く地方公共団体では、条例や規則などをまとめた例規集を作成し、インターネットで公表しています。そして、「○○条例」の次に「○○条例施行規則」が、ワンセットで掲載されています。一方で、単独で掲載される規則もあります。規則を定める際には議会の議決が不要であることから、「条例の子分」のような印象を抱きやすいかもしれません。しかし、規則はれっきとした法令ですので、その理解は重要です。

規則とは

規則は、条例と同様に、法令です。そして長は、法令に違反しない限りにおいて、その権限に属する事務に関し、規則を制定することができます（15条1項）。よって、法令に反する規則は無効となり（2条16・17項）、また長の権限ではない事項を定めることはできません。

なお、規則には、教育委員会や選挙管理委員会など長以外の執行機関や、議会が定める規則もあります（⇒Lesson 9・11）。

規則で定めるべき事項

　法令において「規則で定める」と規定されている事項は規則で定める必要があり、条例などほかのもので定めることはできません。また、法令で長の専属的権限とされている事項は、規則で定める必要があり、条例で定めることはできません。

　一方、義務を課し、権利を制限する場合は、条例を根拠とする必要があるため、規則でそのような規定を定めることはできません。

　自治法において規則で定めることとされている主なものとその根拠条文は、次のとおりです。

・職務代理者の指定（152条3項）
・会計管理者の組織（171条5項）
・指定公金事務取扱者の会計管理者への報告（243条の2の6第3項）

　規則は、法令であって住民の権利に関わることを定めることは可能ですが、上記のように主に内部組織や内部手続に関する事項について定めることが多いです。

　特に財務に関しては、資金前渡や少額随意契約の基準など個別に規則事項とされるもののほか、国の法令に定めがない事項は規則事項とされています（施行令173条の6）。

　一方、規則は、条例から具体的な委任を受け、より詳細な事項や技術的な基準などを定めることも少なくありません。この場合の規則の題名は「条例施行規則」となることが一般的です。

　このような事項を条例で定めることは不可能ではありません。しかし、条例は議会の議決を必要とする一方、規則は長の決定（決裁）で制定可能です。よって、規則は、時機に応じた速やかな対応がより可能であることから、条例で基本的な枠組みや要件、上限などを定め、詳細な事項や技術的な基準などを個別に規則へ委任することは多く見られます。

また、条例で定めた制度の具体的な手続や必要な提出書類など、その運用に関し必要な事項を条例施行規則で定めることも一般的です。

> ◎重要判例　納骨堂の経営許可の取消しを求めることができる住民の範囲が争われた事件
>
> （最判令和5年5月9日民集77・4・859）
>
> 【事実・ポイント】
>
> 墓地、埋葬等に関する法律10条の規定により市長がした納骨堂の経営などの許可について、納骨堂からおおむね300m以内の場所に敷地がある家に居住する者が、その取消しを求める「法律上の利益を有する者」に該当するのか否かがポイントです。
>
> なお、当該市では、規則で墓地経営等の許可の要件を定め、人家の敷地からおおむね300m以内の場所にある墓地等については原則として許可しないという規定がなされています。
>
> 【判決の概要】
>
> 墓地、埋葬等に関する法律10条は、墓地等の周辺に居住する者の個別的利益をも保護することを目的としているとは解しがたいとしつつ、同法の目的に適合する限り、許可の具体的な要件が都道府県や市などの条例・規則により補完され得ることを当然の前提としているとしました。
>
> その上で、上記規則の規定は、「墓地等の所在地からおおむね300m以内の場所に敷地がある人家に居住する者が平穏に日常生活を送る利益」を個々の居住者の個別的利益として保護する趣旨を含む規定であり、許可の取消しを求める原告適格を有するとされました。

規則と罰則

地方公共団体の規則において、規則に違反した者に対し5万円以下の過料を科する旨の規定を設けることができます（15条2項）。

過料は、行政手続などの違反者に対し、行政上の秩序を維持するために科される「行政上の秩序罰」です。規則でも過料を科す規定を設けることができ、過料を科す場合の手続も条例と同じです。
　一方、条例では行政刑罰に関する規定を設けることができますが、規則ではできません。

規則の制定手続

　規則の制定は長の権限であり、条例とは異なり議会の議決は不要です。一方で、その公布手続や施行などについては、条例の公布手続などについて定める自治法16条3・4項が準用されており、条例と同様に、各地方公共団体の公告式条例によります。
　また、規則の内容が新たに予算を伴うものであるときは、予算措置がなされる見通しのない状態では制定することができないことも、条例と同様です。

条例と規則の関係

　条例で規定すべきとされる事項は条例で定め、規則で規定すべきとされる事項は規則で定める必要があります。しかし、そのように明記されていないもの、つまり、条例と規則のどちらで規定しても構わない事項も多くあります。よって、条例と規則とが競合することも想定されます。
　仮に条例と規則とが競合し、両者が矛盾する場合は、議会の議決を経たものである条例が優先します。
　なお、本来は、条例も規則も法令であって、両者に優劣関係は存在しません。長は、議員と同じく、直接選挙で選ばれるためです。
　この点、憲法は法律に基づかない政令等（独立命令）を禁止していることから、国の法律と政令等は優劣関係にあり、「法律・政令等の関係」と「条例・規則との関係」は根本的に異なります。

Lesson 8 住民の声を直接地方の意思決定に反映できるの?

直接請求のしくみ

> ○条例の制定改廃請求や事務監査請求には選挙権を有する者の50分の1以上の署名が必要です。ただし地方税の賦課徴収などは条例の制定改廃請求の対象外です。
> ○長や議員等の解職請求や議会の解散請求には、基本的に選挙権を有するものの3分の1以上の署名が必要です。

　選挙権を有する住民は、直接、選挙で地方公共団体の長や議会の議員を選んでおり、住民の意思は代表者（代理人）を通じて地方公共団体の政策運営等に反映されます。ただし、直接請求の制度によって、選挙によらなくとも随時自らの意思を表明することが可能となっています。

地方自治法の直接請求制度

　自治法は、直接請求の制度として①**条例の制定改廃請求**、②**事務監査請求**、③**長や議員等の解職請求**や、④**議会の解散請求**を定めています。
　こうした直接請求制度は、選挙権、被選挙権とともに、**日本国民たる住民に認められる権利**を具現化したものとして位置付けられます。また、それぞれの手続ごとに必要署名数、受理機関、その後の対応が異なっています。
　自治法以外の制度としては、市町村の合併の特例に関する法律の合併協議会の設置や、条例に基づく住民投票があります。

直接請求の手続等

　直接請求はおおむね次の手続で進められます（74条の2、施行令91条ほか）。

証明書の交付のみで終わり、実際の署名の収集が行われなかったり、署名簿の提出に至らない事例もみられます。

- ・代表者証明書の交付申請
- ・選挙管理委員会による請求代表者の確認
- ・証明書の交付
- ・請求代表者による署名簿の作成、署名の収集
- ・選挙管理委員会への署名簿の提出
- ・選挙管理委員会による署名簿の審査と縦覧
- ・署名簿の返付
- ・本請求

また、違法な署名収集が行われた場合には罰則も規定されています（74条の4）。

❖ 条例の制定改廃請求

条例の制定改廃請求は、選挙権を有する者の50分の1以上の署名をもって、長に対して条例の制定改廃の請求を行うものです（74条1項）。請求があったとき、長は要旨を公表し、告示を行い、20日以内に議会を招集し、意見を付して、条例案を議会に付議しなくてはなりません（同条2・3項）。この結果、過半数の賛成があれば条例の制定改廃は成立します。

なお、地方税の賦課徴収や分担金、使用料、手数料の徴収に関するものは条例の制定改廃請求の対象から除かれます（同条1項）。

❖ 事務監査請求

事務監査請求は、選挙権を有する者の50分の1以上の署名をもって、監査委員に対し、事務の執行に関する監査の請求を行うものです（75条1項）。監査委員は、請求要旨を公表し、監査を実施し、その結果を公表します。その上で、請求代表者、議会、長、執行機関に通知する必要があります（同条2・

3項)。なお、監査委員の監査の報告に関する決定は合議によります(同条4項)。
　こうした事務監査請求と住民監査請求の相違については図表8-1のとおりです。

図表8-1　事務監査請求と住民監査請求

	事務監査請求（75条）	住民監査請求（242条）
請求の対象事項	地方公共団体の事務の執行全般	長などの機関・職員の違法・不当な財務会計上の行為
請求の方法	選挙権を有する者の総数の50分の1以上の連署による	当該地方公共団体の住民であれば1人でも可能
不服の場合の対応	特になし	住民訴訟の提起が可能

❖ 議会の解散請求

　議会の解散請求は選挙権を有する者の3分の1以上の署名をもって選挙管理委員会に対して行います(76条1項)。なお、選挙権を有する者の総数が40万を超え、80万以下の場合には、「40万を超える数×6分の1＋40万×3分の1」に、総数が80万を超える場合は、「80万を超える数×8分の1＋40万×6分の1＋40万×3分の1」になります(同項)。このように大規模な地方公共団体については、必要となる署名の収集が容易ではないことから、要件が緩和されています。

　選挙管理委員会は、請求要旨を公表し、これを選挙人の投票に付し、過半数の同意があった場合、議会は解散します。この結果を選挙管理委員会は公表し、請求代表者、会議の議長、長、関係議員へ通知しなくてはなりません(同条2・3項、77条)。

　なお、議員の一般選挙等から1年間を経過しない場合は請求できません(79条)。

❖ 議員・長の解職請求

　議員・長の解職請求の必要署名数、請求先は、議会の解散請求と同様です（80条1項、81条1項）。選挙管理委員会は、請求要旨を公表し、住民の投票に付して、過半数の同意があった場合、議員や長は失職します（80条2・3項、83条）。この結果を選挙管理委員会は公表し、請求代表者、議会の議長、長、関係議員へ通知しなくてはなりません（82条）。

　なお、その就職の日から1年間は直接請求できません（84条）。ただし、無投票当選による場合は、直接請求を行うことができます（同条ただし書）。

❖ 主要公務員の解職請求

　副知事・副市区町村長、指定都市の総合区長、選挙管理委員、監査委員、公安委員会の委員といった**主要公務員も解職請求の対象**になっています。指定都市の総合区長や総合区の選挙管理委員等の場合は、当該総合区で選挙権を有する者が解職請求できます（86条1項）。また、必要署名数は、解散請求や議員・長等の解職請求と同様で、請求先は長となります（同項）。長は請求要旨を公表し、議会へ付議し、3分の2以上の出席で、4分の3以上の同意があった場合は失職します（同条2・3項、87条）。この結果を長は公表するとともに、請求代表者や関係者に通知しなくてはなりません（86条3項）。

　なお、副知事・副市区町村長、指定都市の総合区長は、その就職の日から1年間、選挙管理委員、監査委員、公安委員会の委員はその就職の日から6か月間直接請求をすることはできません（88条）。

　こうした手続は図表8－2のとおりです。

図表8−2　直接請求の手続

	条例の制定改廃	事務監査	議会の解散	議員・長の解職	主要公務員の解職
必要署名数	50分の1以上	50分の1以上	3分の1以上 ・総数が40万を超え、80万以下の場合には、「40万を超える数 $\times \frac{1}{6}$ ＋40万 $\times \frac{1}{3}$」 ・総数が80万を超える場合は、「80万を超える数 $\times \frac{1}{8}$ ＋40万 $\times \frac{1}{6}$ ＋40万 $\times \frac{1}{3}$」		
請求先	長	監査委員	選挙管理委員会	選挙管理委員会	長

《請求後の措置》

- 条例の制定改廃：請求要旨の公表 → 議会に付議 → 議決
- 事務監査：請求要旨の公表 → 監査の実施
- 議会の解散：請求要旨の公表 → 選挙人の投票 → 過半数の同意 → 解散
- 議員・長の解職：請求要旨の公表 → 選挙人の投票 → 過半数の同意 → 失職
- 主要公務員の解職：請求要旨の公表 → 議会に付議 → $\frac{2}{3}$以上の出席 → $\frac{3}{4}$以上の同意 → 失職

Lesson 9 議会ってなに？ どんな権限があるの？

議会の権限と議員の地位

○議会は、長と対等関係に立ち、長と適度な緊張関係を保ちながら、議論や監視を通じて地方公共団体の適正な運営に資する機関です。
○長などを監視するために、議決権や検査権など様々な権限が付与されています。
○議会の組織は、大きく本会議と委員会に区分されます。

地方公共団体には議会が設置されており、非常に重要な役割を担っています。議会対応を行う職員も多いのではないでしょうか。現在は議会対応を行っていなくとも、地方公務員という職にある以上、将来的に議会対応を行う可能性は高いといえます。自治法においては議会に関する規定が非常に多くあり、議会対応を適切に行うためにも議会制度について理解することは必須です。

議会の意義

議会は、憲法93条1項や自治法89条1項の規定に基づき、地方公共団体に設置される議事機関です。住民から直接選挙された議員で構成され、地方公共団体の意思を決定する権限や執行機関を監視する役割を担います。

そして、議会は、同じく住民から直接選挙された長と対等関係に立ち、長と適度な緊張関係を保ちながら、議論や監視を通じて地方公共団体の適正な運営に資することを期待されています。なお、このような議会と長の双方を住民が選挙で選ぶ制度を「二元代表制」といいます。

議会の権限

　議会は、その果たすべき役割が非常に重要であることから、様々な権限を有しています。

❖ 議決権

　議会は自治法96条１項に規定されている事項について議決を行う権限を有しています。これは、住民の権利・自由や地方公共団体の財政に重要な影響を及ぼす事項の決定にあたっては、長などの執行機関の判断だけではなく、住民の代表機関である議会の議決を要するとするものです。

　同項は議決事項として次の15項目を規定しています。また、同条２項の規定に基づき、条例で独自に議決事項を加えることもできます。

---

① 条例の制定改廃

② 予算を定めること。

③ 決算の認定

④ 地方税の賦課徴収、分担金・使用料・加入金・手数料の徴収

⑤ 重要な契約の締結

⑥ 財産を交換し、出資の目的とし、支払手段として使用し、適正な対価なくしてこれを譲渡し、貸し付けること。

⑦ 不動産の信託

⑧ 財産の取得・処分

⑨ 負担付の寄附・贈与を受けること。

⑩ 権利の放棄

⑪ 重要な公の施設を長期・独占的に利用させること。

⑫ 訴えの提起等、和解、あっせん、調停、仲裁

⑬ 損害賠償の額の決定

⑭ 公共的団体等の活動の総合調整

⑮ 法令による議会の権限事項

❖ 検査権・監査請求権

　議会は議決機関として長などの執行機関とは独立してその権限を行使することができます。一方、その権限を適正に行使するためには、事務事業の実情を正確に把握し、様々な情報を収集する必要があります。そのため議会には検査権が与えられ、自ら検閲・検査を行い、また、執行機関に報告を請求することができます（98条1項）。

　また、議会は、監査委員に対し監査を求め、その結果の報告を請求することができます（98条2項）。これは執行機関に対する議会の監視権を定めたもので、執行機関と議会との間の相互の牽制により、地方公共団体の事務処理の適正化を図るものです。

　なお、いずれの権限も、地方公共団体の事務全てに及ぶものではなく、労働委員会や収用委員会の事務のうち施行令で定めるものや、法定受託事務のうち施行令で定めるものは対象外となっています。

❖ 意見書の提出

　議会は、議決権などにより執行機関を監視し、議会の意見を反映させることが可能です。しかし、事務の内容などによっては適切な処理が困難な場合もあることから、その地方公共団体の公益に関する事件について、議会の意見書を国会や関係行政庁に対して提出することができます（99条）。

　議会が意見書を提出することができる事項は、当該地方公共団体の公益に関する事件についてです。この事件に該当する限り、ほかの地方公共団体の事務であっても対象となります。

❖ 調査権

　議会は、その重要な職責を十分果たすことができるよう、地方公共団体の事務について調査することができます。この権限は自治法100条を根拠としていることから「百条調査権」と呼ばれ、また、調査のために設置した特別委員会は「百条委員会」と呼ばれます。

　この調査では、長などの執行機関に対して質問したり、資料の提出を要求

するだけではなく、関係人の出頭・証言や記録の提出を請求することができます。

そして、正当な理由がないのに証言を拒否した場合、出頭しなかった場合、記録を提出しなかった場合は6か月以下の拘禁刑や10万円以下の罰金、証言に虚偽がある場合は3か月以上5年以下の拘禁刑に処するとされています。

❖ 自律権

議会は、その組織や運営に関して自ら決定することができる自律権として、次の権限を有しています。

① 決定権

議会内部における争いに対し、議会自らが意思決定を行うことができます。例えば、議会の選挙における異議の決定が挙げられます（118条1項）。

② 選挙権

議長や副議長は、議会自らが選挙により決定することができます（103条1項）。

③ 委員会設置権

議会は、常任委員会などの委員会を条例で設置することができますが（109条1項）、この条例の提出は議会のみ可能とされています。

④ 規則制定権

議会は、その運営などについて定める会議規則を制定する必要があります（120条）。

⑤ 規律権

議長は、議会の会議中、議場の秩序を保持するために、議員に発言の取消しや議場外への退去を行わせ、また、傍聴人を退場させることができます（129～133条）。

⑥ 懲罰権

議会の規律と品位を保持するために、議会の秩序を乱した議員に対し、議決により、懲罰を科すことができます。懲罰は、戒告、陳謝、出席停止、除名があります（134条～137条）。

> ◎重要判例　議会から科された出席停止の懲罰処分が裁判の対象となるのか否かが争われた事件
>
> （最大判令和2年11月25日民集74・8・2229。自治百選1）
>
> 【事実・ポイント】
>
> 　議会の議員が、議会から科された出席停止の懲罰処分が違憲・違法であるとして、市を相手に、その取消しを求めるとともに、議員報酬の減額分の支払を求めた事件です。
>
> 　従来の判例では、地方議会の議員に対する出席停止の懲罰処分は議会の自律権に任されたものであるため裁判の対象とならないとされていましたが、引き続き裁判の対象とならないのかがポイントです。
>
> 【判決の概要】
>
> 　地方公共団体の議会の議員に対する出席停止の懲罰は、議会の自律的な権能に基づくものとして議会に一定の裁量が認められるべきであるものの、裁判所は、常にその適否を判断することができるとの考え方を示し、従来の判例を変更しました。

⑦　自主解散権

　自治法を根拠とするものではありませんが、議会は、議員数の4分の3以上の者が出席し、その5分の4以上の者の同意があったときは、自ら解散することができます（地方公共団体の議会の解散に関する特例法2条）。

議会の組織

本会議

　本会議は全議員により構成される会議のことをいいます。通常「議会」といえば「本会議」を指します。議会による意思決定は、原則として本会議で審議し、議決することによって行われます。

❈ 委員会

議会は、条例の定めるところにより、**委員会（常任委員会・議会運営委員会・特別委員会）**を置くことができます（109条1項）。

委員会は、議員の一部で構成される合議体組織であり、議会から付託を受けた事項について専門的・補助的な審査を行う組織です。

なお、議会としての意思決定を行うことはできません。

❈ 議長・副議長

議会は議員の中から**議長**と**副議長**を1名ずつ選挙する必要があります（103条1項）。その任期は議員の任期によるとされていますが、任期途中で交代する事例もあります。

議長は、議場の秩序維持、議事の整理、議会事務の統括を行います。また、対外的に議会を代表する立場であるとともに（104条）、議会や議長の行った処分に対する審査請求や訴訟について、地方公共団体を代表します（105条の2）。

副議長は、議長に事故があるときや議長が欠けたときに議長の職務を行います（106条1項）。

議長・副議長が辞職するには議会の許可が必要ですが、議会の閉会中に限り、副議長は議長の許可のみで辞職することができます（108条）。

さらに、議長・副議長に事故があるときは**仮議長**が、議長・副議長の選挙などのために議長・副議長が不在のときは**臨時議長**（年長の議員）が、それぞれ議長の職務を行います（106条2項、107条）。

❈ 議会事務局

都道府県の議会には事務局を置くものとされ（138条1項）、市区町村の議会は条例に基づき事務局を置くことができます（同条2項）。

事務局には、事務局長のほか書記などの職員が置かれます。事務局を設けない市区町村の議会には書記長や書記などの職員が置かれますが、町村の議会には書記長を置かないことも可能です（同条4項）。

これら職員は議長が任命することになりますが、常勤の職員の定数は条例で定める必要があります（同条6項）。

また、議会には、議員の調査研究のために図書室を置くとともに、官報などの刊行物を保管する必要があります（100条19項）。

会議の運営

議会の会議は大きく**定例会**（毎年、条例で定める回数行われる会議）と**臨時会**（必要がある場合に行われる会議）に区別できます。また、定例会や臨時会とせず、1年間を会期とする**通年議会**とすることも可能です（102条の2第1項）。

議会の招集は長の権限です（101条1項）。招集は告示をもって行われ、都道府県と市区は開会の7日前、町村にあっては開会の3日前に告示を行う必要があります（同条7項）。

一方、議長や議員（議員定数の4分の1以上である必要があります）は、会議に付議すべき事項を示して臨時会の招集を長に請求することができます（同条2・3項）。この請求を受けた長は、20日以内に臨時会を招集する必要があります（同条4項）。仮に長が招集しない場合は、議長が招集することとなります（同条5項）。

議会が招集されると、議員は議会の会議に出席する義務が生じます。

また、議会の会期や開閉については議会が定めます。「会期」とは、議会がその活動を行う期間であり、延長を行うこともできます。議会の「開閉」とは「一会期における議会全体」の始まりと終わりを意味します。

会議の運営の原則

議会を運営する上での原則は次のとおりです。
① **会議公開の原則**

議会の会議は公開されることが原則です（115条1項本文）。具体的には、

傍聴の自由・報道の自由・会議録の公開をいいます。一方、出席議員の3分の2以上の多数で議決した場合は、非公開会議である秘密会とすることができます（同項ただし書）。

② 定足数の原則

議会は、その定数の半数以上の議員（議長を含みます）が出席しなければ会議を開くことができません（113条本文）。また、この定足数の要件は、会議を継続することができる要件であるとともに、議決を行う要件でもあります。なお、除斥（審議事項に利害関係を有する議員の出席を認めないことをいいます）のため半数に満たない場合など例外もあります（同条ただし書）。

③ 多数決の原則

議会の議決は、原則として出席議員（議長を除きます）の表決により行い、その過半数で決し、可否同数の場合は、議長が決します（これを議長の「裁決権」といいます）（116条）。

なお、その例外は図表9－1のとおりであり、これらの場合は、議長も表決を行うことができますが、裁決権は有しません。

図表9－1　多数決の原則の例外事項

項　目	定足数要件	可決要件
地方公共団体の事務所の位置の設定・変更に係る条例、秘密会、議員の失職・資格、条例や予算の再議における同意、重要な公の施設の廃止・長期独占利用	議員定数の過半数（原則とおり）	出席議員の3分の2
主要公務員に対する解職請求、議員の除名、長に対する不信任（1回目）	在籍議員3分の2以上の出席	出席議員の4分の3
長に対する不信任（2回目）	在籍議員の3分の2以上の出席	過半数

④ 一事不再議の原則

　同一会期中に議決された事件は、再び意思決定を行いません。これは、自治法上明記されているわけではありませんが、議会の意思決定の安定性を担保するためです。

　なお、この例外が長による再議です（⇒Lesson 10）。

⑤ 会期不継続の原則

　議会の会期中に議決に至らなかった事件は廃案となり、その後の議会に継続しません（119条）。この廃案となったものは、その後の議会に再提出することができます。

　一方、委員会は、付託された事件について議会閉会中でも議案を審査することができます。このような閉会中の審査に付された事件は、次の議会の会期に継続します。

議員

議員の地位

　地方公共団体の議員は住民の直接選挙によって選出され議会を構成する、特別職の地方公務員です。また、議員の定数は条例で定める必要があります（90・91条）。

　議員の任期は4年ですが、その身分を喪失する場合は、①任期満了、②辞職、③選挙の無効・当選の無効の確定、④除名、⑤議会の解散、⑥兼職・兼業による失職、となります。

　なお、国会議員とは異なり、地方公共団体の議員には、不逮捕特権（会期中に逮捕されない権利）や免責特権（議院で行った演説や討論などについて院外で責任を問われないという権利）は与えられていません。

兼職・兼業の禁止

　地方公共団体の議員は、兼職・兼業が禁止されています。

　まず、地方公共団体の議員は国会議員、他の地方公共団体の議員・常勤の

職員・短時間勤務職員を兼ねることができません。また、長、副知事・副市区町村長、教育長・教育委員会の委員、裁判官などを兼ねることもできません（92条）。

　なお、国家公務員や地方公務員は、在職中に公職の候補者となることが原則としてできません。仮に国家公務員や地方公務員が公職の候補者となった場合は、その届出日に辞職したものとみなされます。

　また、議員は、地方公共団体に対し請負をする者やその支配人、主としてこれらの行為をする法人の役員等であることが禁止されています(92条の2)。議員がこれらの兼業に該当する場合はその職を失いますが、それに該当するかどうかの決定は議会が行い、具体的には、出席議員の3分の2以上の多数により決定します（127条1項）。

❖ 議員報酬・費用弁償と政務活動費

　地方公共団体は議員に対し、その職務の対価として、議員報酬を支払う必要があります（203条1項）。また議員は、職務を行うために要する費用の弁償と期末手当を受け取ることができます（同条2・3項）。

　この議員報酬・費用弁償・期末手当の額と支給方法は条例で定める必要があり（同条4項）、法律や条例に基づくことなくいかなる給与の支給や給付を行うことはできません。

　また、地方公共団体は、条例に基づき、議会の会派や議員に対し、政務活動費を支給することができます（100条14項）。政務活動費とは、議員の調査研究などの活動に資するための必要な経費に充てるものです。

Column
町村総会

　自治法は、町村については、条例で、議会を置かず、選挙権を有する者の総会を設けることができるとして、町村総会を規定しています（94条）。

　わが国においては、町村制が施行されていた当時、神奈川県足柄下郡芦之湯村（現同郡箱根町の一部）に町村総会の例がありましたが、同村は1947年4月以降議会を設けました。また、自治法施行後においては、東京都八丈支庁管内宇津木村にその例がありましたが、町村合併により八丈町の一部となり、現在は町村総会の例はありません。

　一方、町村の人口減少とともに、町村議会議員では無投票当選が増加するなど、町村総会の検討をすべきとの指摘もあります。実際、総務省は2017年に「町村議会のあり方に関する研究会」を立ち上げ、報告書を取りまとめています。

　この中では、2015年に町村総会の導入について検討が行われた高知県大川村の事例にも言及し、小規模市町村における議員のなり手不足の深刻さを象徴するものとしています。しかしながら、制度創設当初（1888（明治21）年）における町村総会が、「公民」により構成される極めて少人数の会議体が想定されていたことと比較し、普通選挙制度が導入された現在では、多数の有権者による会議体とならざるを得ないことなどを踏まえ、住民が一堂に会する町村総会については、実効的な開催は困難であるものと考えられるとしました。

　議員のなり手不足の中で、その報酬や兼職の禁止のあり方など、今後どのように対応していくかが問われているといえます。

Lesson 10 議会と長の関係は？ 対立したらどうなるの？

再議と専決処分

○議会と長は、ともに直接選挙された住民の代表であって対等関係であり、議論などを行った上で条例や予算を決定していきます。
○議会と長の見解が割れた場合は、長は議決を拒否する権限を有し、議会は長に対する不信任決議を行うことができます。
○緊急の場合などやあらかじめ議会が指定した事項は、本来は議決が必要な場合でも、専決処分として長が決定することができます。

議会と長は、ともに直接選挙された住民の代表であって対等関係であり、議論や監視を通じて地方自治の適正な運営に資することを期待されています。一方で長が提出した議案を議会が否決したり、議会が長に対し不信任決議を行うといった報道も見聞きします。そのような長と議会との間に軋轢がある場合、どのような展開をたどるのか、その流れを知ることは、地方公務員としてはもちろん、1人の住民としても必要です。

議会への出席

執行機関は、議会の自主性を確保する見地から、議会に出席することが当然にできるわけではありません。しかし、議案について執行機関に説明を求める必要性もあります。よって、議会は、議案の審議に必要な説明のために、議場に出席を求めることができます。

出席を求めることができる対象は、長や委員会の代表者、監査委員のほか、それらの直接の部下である職員となります。そして、正当な理由がある場合であって議長に届け出たときを除き、出席を義務付けられます（121条1項）。

議決に対する長の拒否権

長は、議会の議決に異議を有する場合、それを拒否し、再議に付すことができます。これを拒否権といい、その内容により一般的拒否権と特別的拒否権に区分されます（図表10 − 1）。

❖ 一般的拒否権

自治法上、**一般的拒否権**の対象となる議決は、現状を変更するような効果を生ずるもののみであり、単なる「否決」は、そのような効果が生じないため再議の対象外です。よって、一般的拒否権の再議の対象は、議会により修正がなされた上での議決や議会提出の議案の議決となります。

① 原則

長は、議決について異議があるときは、その議決の日から10日以内に理由を示して再議に付すことができます（176条1項）。その後、議会が再議に付された議決と同じ議決を過半数で行った時は、その議決は確定します（同条2項）。

② 条例の制定改廃や予算の場合

長は、条例の制定改廃や予算に関する議決について異議があるときは、その議決の送付を受けた日から10日以内に、理由を示して再議に付すことができます（176条1項）。その後、議会が、再議に付された議決と同じ議決を、出席議員の3分の2以上の者の同意をもって行った時は、その議決は確定します（同条3項）。

❖ 特別的拒否権

① 議決などが違法である場合

議会の議決や選挙が、その権限を超え、または法令や会議規則に違反すると認められる場合は、長は、理由を示して再議に付し、または再選挙を行わせる必要があります（176条4項）。

その後、議会の議決・選挙が、なおその権限を超え、または法令・会議

図表10-1　議会による再議の整理表

項目		再議は任意か義務か	再議後の対応
一般的拒否権	① 原則	任意	議会が同じ議決を過半数で行った時は、その議決は確定
	② 条例の制定改廃・予算	任意	議会が同じ議決を、出席議員の3分の2以上の者の同意をもって行った時は、その議決は確定
特別的拒否権	① 議決が違法	義務	議決がなお権限を超え、または法令などに違反すると認める時は、長は審査の申立が可能
	② 義務費の削減等	義務	議決が引き続き経費を削除し、または減額したものである場合は、長は予算に計上可能
	③ 災害復旧費の削減等	義務	議決が引き続き経費を削除し、または減額したものである場合は、長は不信任の議決とみなすことが可能

規則に違反すると認めるときは、都道府県知事は総務大臣に、市区町村長は都道府県知事に対し、議決や選挙があった日から21日以内に、審査を申し立てることができます（同条5項）。

総務大臣や都道府県知事は、議会の議決や選挙がその権限を超え、または法令や会議規則に違反すると認めるときは、取り消す裁定をすることができます（同条6項）。一方、長や議会は、その裁定に不服があるときは、裁定のあった日から60日以内に、裁判所に出訴することができます（同条7項）。

② 義務費の削減等である場合

議会が、法令により負担する経費などの義務費を削除し、または減額する議決をしたときは、長は、理由を示してこれを再議に付す必要があります（177条1項1号）。

そして議会の議決が引き続き義務費を削除し、または減額したものである場合は、長は、その経費やこれに伴う収入を予算に計上してその経費を支出することができます（177条2項）。

③ 災害復旧費の削減等である場合

議会が、非常の災害による応急・復旧の施設のために必要な経費や感染症予防のために必要な経費を削除し、または減額する議決をしたときは、長は、理由を示してこれを再議に付す必要があります（177条1項2号）。

そして議会の議決が引き続き経費を削除し、または減額したものである場合は、長は、その議決を不信任の議決とみなすことができます（同条3項）。

地方自治法以外の法律による拒否権

長は、①財政再生計画の策定・変更に関する議案の否決、②財政再生計画についての総務大臣との協議に関する議案の否決、③財政再生計画の達成ができなくなると認められる議決、である場合は、その議決があった日から起算して10日以内に、理由を示してこれを再議に付すことができます（地方公共団体の財政の健全化に関する法律17条）。

長に対する不信任の議決

議会は長に対する**不信任の議決**を行うことができ、長はこれに対し議会を解散させることができます（178条1項）。

不信任の議決を行うことができる事項は明記されておらず、不信任の議決はその理由を問いません。一方、不信任の議決は必ず「不信任である旨の議決」である必要があります。

例えば、長が「この議案を否決した場合は不信任の議決とみなす」旨の意思表示をしている議案に対し、議会が否決したとしても、不信任の議決とはなりません。

不信任の議決とその後の流れは図表10－2のとおりです。

図表10−2　不信任決議とその流れ

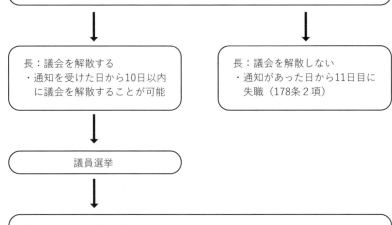

なお、議会と長との関係において長が議会を解散することができるのは、あくまでも議会が不信任決議を行った場合のみであり、長の意思のみで議会を解散することはできません。

179条専決処分

長は、本来は議会の議決や決定を得る必要があるものについて、一定の状況において、専決処分として自ら決定することができます（179条1・2項）。これは「**179条専決処分**」などと呼ばれます。

179条専決処分は、議会が議決すべき事件・決定すべき事件につき、必要

な議決・決定が得られない場合に、長が処分や決定を行うことをいいます。なお、副知事・副市区町村長の選任や指定都市の総合区長の選任は対象外です（179条1項ただし書）。

179条専決処分を行うことができる要件は次の4つのみです。

① **議会が成立しないとき**

　議会が解散中であるとき、定数の過半数に満たない程度の欠員があり補欠選挙が終了していないときなど、議会が成立していない場合が該当します。

② **113条ただし書の場合においてなお会議を開くことができないとき**

　出席議員が、議長のほか1名以下であって、合議体として成立していない場合が該当します。

③ **議会の議決すべき事件について特に緊急を要するため議会を招集する時間的余裕がないことが明らかであると認めるとき**

　突発的な法律の改正に伴う条例の改正など特に緊急を要し、議会の議決などを経て執行すれば時機を失してしまう場合が該当します。

④ **議会において議決すべき事件を議決しないとき**

　議会が意図的に議決しない場合や大災害など何らかの事情により議決が不可能あるいはそれに準ずる程度に困難である場合が該当します。

◎重要判例　179条専決処分の効力が争われた事件
　　　　　（東京高判平成25年8月29日判時2206・76。自治百選75）

【事実・ポイント】

　上記のとおり179条専決処分を行うことができる事由は限定されていますが、179条1項の「議会において議決すべき事件を議決しないとき」の事由とはなにか、その事由に該当しない場合の専決処分に基づく公金の支出の適法性がポイントです。

【判決の概要】

　179条1項に規定する専決処分をすることができる事由のうち、「議会において議決すべき事件を議決しないとき」は、議決を欠く事態が出現すれば直ちに

これにあたるのではなく、例えば、①天災・地変など議決を不可能とする外的事情がある場合、②議会が議決しないとの意思を示し、実際にも議事が進行せず議決に至らない場合など、外的・内的な何らかの事情により長にとって議会の議決を得ることが社会通念上不可能であるか、これに準ずる程度に困難と認められる場合などである必要があるとしました。

そして、本事件の専決処分は上記事由に該当しないとし、それに基づく支出を違法としました。

179条専決処分を行った場合は、長は、次の議会の会議で報告し、その承認を求める必要があります（179条3項）。仮に議会の承認を得られなかったとしても、長の政治的問題は生じうるものの、上記裁判例のような場合を除き、179条専決処分自体は法的には有効となります。

なお、条例の制定改廃や予算に関する処置に関する179条専決処分について、その承認を求める議案が否決されたときは、長は、速やかに必要と認める措置を講ずるとともに、その旨を議会に報告する必要があります（179条4項）。

180条専決処分

長は、議会の議決により指定したものについて専決処分を行うことができます（180条）。これは、いわば議会から長への委任であり、「**180条専決処分**」などと呼ばれます。

180条専決処分の対象は地方公共団体により様々です。一定額以内の金銭の支払を求める訴えの提起や改正の内容が極めて軽微な条例を定める場合が対象であることが一般的です。

180条専決処分を行った場合は、その旨を議会に報告する必要があります。179条専決処分とは異なり、承認を求める必要まではありません。

なお、180条専決処分の対象となる事項を指定する場合は議案として議決を得る必要がありますが、この議案の提出は議会のみ行うことができます。

Lesson 11 執行機関ってなに？ それぞれの役割は？

長の権限と執行機関多元主義

> ○地方公共団体には、長のほか、教育委員会・選挙管理委員会・監査委員など多くの執行機関が設置されています。
> ○長の職務は、議会やほかの執行機関の職務以外のものであり、非常に広範なものとなります。
> ○長は、ほかの執行機関に対する具体的な指揮監督権は有していませんが、執行機関相互の権限に疑義が生じた場合は調整する必要があります。

　長はその地方公共団体を代表し、多くの権限を有します。一方で、地方公共団体の事務に関する全ての権限を有しているわけではなく、ほかの執行機関がその権限を有しているものもあります。地方公務員には人事異動がつきものですが、場合によってはほかの執行機関に異動することもあるでしょう。また、ほかの執行機関とともに業務を行うことも少なくありません。その際に、なぜ長は全ての権限を有していないのか、どのような理由で執行機関がほかに置かれているのかを理解しておくと、役立つことも多いです。

執行機関の意義

　執行機関とは、地方公共団体の事務を管理執行する機関であって、地方公共団体として意思決定を行い、自らの名で外部に意思表示を行う権限を有する機関をいいます。

　執行機関は、長のほか、自治法で定める委員会・委員をいい（138条の4第1項）、それぞれが法令に基づき、自らの名と責任のもと、誠実に事務を管理執行する必要があります。

このように自治法は、1つの地方公共団体において、長の所轄の下に複数の執行機関を置くこととしています。このような複数の執行機関から構成される仕組みを「**執行機関多元主義**」といい、その意義は、行政の中立性の確保や利害調整にあります。

長

❖ 長の地位

長は、その地方公共団体の住民により直接選挙された特別職の地方公務員であり、任期は4年です（140条）。長は、衆議院議員・参議院議員、地方公共団体の議員、常勤の職員・短時間勤務職員と兼職することができません（141条）。これら兼職を禁止されている者が長の選挙に立候補したときは、その届出の日に辞職したものとみなされます。

また、長は、当該地方公共団体に対し請負をする者やその支配人、主としてこれらの行為をする法人の役員などであることが禁止されています（142条）。

長が身分を喪失する場合は、①任期の満了、②退職、③失職、④選挙の無効や当選の無効の確定、⑤解職請求の手続後の議会による不信任決議となります。

◎重要判例　長の当選の効力が争われた事件
（最判昭和62年10月20日集民152・51。自治百選80）

【事実・ポイント】
　上記のとおり長は地方公共団体に対し請負をする者やその支配人等であることが禁止されていますが、その根拠である自治法142条に規定する「主として同一の行為をする法人」の意義や内容はなにかがポイントです。

【判決の概要】
　「主として同一の行為をする法人」とは、地方公共団体に対する請負が当該法人の業務の主要部分を占め、当該請負の重要度が長の職務執行の公正、適正を損なうおそれが類型的に高いと認められる程度に至っている場合の当該法人

を指すとしました。

　その上で、①地方公共団体に対する請負量が当該法人の全体の業務量の半分を超える場合、②請負量が当該法人の全体の業務量の半分を超えない場合でも、当該請負が当該法人の業務の主要部分を占め、その重要度が長の職務執行の公正、適正を損なうおそれが類型的に高いと認められる程度にまで至っているような事情があるとき、としました。そして、本事件では「主として同一の行為をする法人」にあたらないとしました。

❖ 長の権限

　自治法149条は長の権限を次のとおり規定していますが、同条では「概ね」と規定されているとおり、これらはあくまでも長の権限の例示に過ぎません。議会や長以外の執行機関の権限ではないものは長の権限とされ、その範囲は非常に広いといえます。

---

① 地方公共団体の議会の議決を経るべき事件につきその議案を提出すること。
② 予算を調製し、これを執行すること。
③ 地方税を賦課徴収し、分担金・使用料・加入金・手数料を徴収し、過料を科すること。
④ 決算を地方公共団体の議会の認定に付すること。
⑤ 会計を監督すること。
⑥ 財産を取得し、管理し、処分すること。
⑦ 公の施設を設置し、管理し、廃止すること。
⑧ 証書や公文書類を保管すること。
⑨ ①〜⑧のほか当該地方公共団体の事務を執行すること。

内部統制

　都道府県・指定都市の長は、内部統制に関する方針を定めるとともに、内部統制の体制を整備する必要があります（150条1項）。**内部統制**とは、組織目的の達成を阻害する要因をリスクとして識別・評価し、あらかじめ対応策を講じることで、事務の適正な執行を確保するものです。

　そして、各会計年度少なくとも1回以上、内部統制に関する報告書を作成し、監査委員の審査に付した上で、議会に提出するとともに、公表する必要があります（同条4～6項）。なお、指定都市以外の市区町村の長については、内部統制の取組は努力義務とされています（同条2項）。

長の権限とその代理・委任・補助執行

　このように長の権限は非常に多く、その全ての事務処理や判断を長に任せていては効率的な行政運営が困難です。また、長とはいえ人間であることには変わりませんので、何らかの事情により不在となることも想定されます。このような場合のために、代理や委任、補助執行が活用されています。

① 代理

　代理とは、長の権限の全部または一部をほかの補助機関が行使することをいい、その代理者の行った行為は、長の行為としての効果が生じます。代理は法定代理と任意代理に区分されます。なお、法定代理・任意代理ともに、議会の解散権など長のみの一身専属的な権限は代理の対象にはなりません。

法定代理	・法律で定められた事実が発生したときに発生するもの ・長に事故があるときや長が欠けたときは、副知事・副市区町村長が代理（152条1項）。
任意代理	・長によりその都度授権が行われるもの（153条1項） ・訴訟事務の代理人の指定が代表例

② 委任

委任とは、長の権限の一部をほかの補助機関や執行機関に移し、その権限の委任を受けた者（受任者）の権限として行わせることをいいます（153条2項）。代理とは異なり、委任された事務は受任者の名と責任において処理され、長はその権限を失います。なお、議会の解散権など長のみの一身専属的な権限は委任の対象にはなりません。

③ 補助執行

補助執行とは、長の権限について、その下部組織における内部意思のみで決定を行うものあって、対外的には長の名で行うものをいいます。これは、事案の重要度に相応する補助機関の決定をもって意思決定とする「専決」と、長や専決者の不在時に臨時的に行う「代決」があります。

長以外の執行機関

委員会・委員の種類と所掌事務

自治法は、長以外の執行機関として、複数の委員会・委員の設置を定めており、それらは、図表11－1のとおり、都道府県・市区町村に設置するもの、都道府県のみに設置するもの、市区町村のみに設置するものに区分されます。

委員会・委員の設置理由

このように長以外に委員会・委員が設置される理由は次のとおりです。

① 政治的中立性を確保する必要があるため

該当するのは、教育委員会、選挙管理委員会、人事委員会・公平委員会、監査委員、公安委員会となります。

② 専門的・技術的な判断が必要な分野であるため

該当するのは、収用委員会、固定資産評価審査委員会となります。

③ 利害関係人の調整を行う必要があるため

該当するのは、労働委員会、海区漁業調整委員会、内水面漁場管理委員会、農業委員会となります。

図表11-1　長以外の執行機関一覧

	名称	主な所掌事務
市区町村 都道府県	教育委員会	教育・学術・文化に関する事務
	選挙管理委員会	地方公共団体が処理する選挙に関する事務
	人事委員会・公平委員会	人事行政に関する調査や職員採用（人事委員会のみ）、人事上の不利益処分の審査
	監査委員	財務事務の監査
都道府県	公安委員会	都道府県警察の管理
	労働委員会	労働組合の資格、労働関係に関する事務
	収用委員会	土地の収用の裁決
	海区漁業調整委員会	海面の漁業調整のための指示
	内水面漁場管理委員会	河川・湖沼の漁業調整のための指示
市区町村	農業委員会	農地等の利用関係の調整
	固定資産評価審査委員会	固定資産課税台帳の登録に関する審査

監査委員

　教育委員会であれば地方教育行政の組織及び運営に関する法律、公安委員会であれば警察法、農業委員会であれば農業委員会等に関する法律のように、監査委員以外の各執行機関にはその職務などを定めた法律が別にあります。一方、監査委員は、自治法にその組織や職務などが定められています。

❖ 監査委員の目的

　監査委員は、第三者的立場において執行機関の行財政運営を監視し、評価する機関です。地方公共団体の行財政運営は公費を財源としていることから公正・効率的に運営されることが必要ですが、これを担保するための機関といえます。

❖ 監査委員の組織

　監査委員は、識見を有する者や議員から、議会の同意を得て長が選任します。その定員は、①都道府県・政令で定める市は4名、②その他の市区町村は2名ですが、条例をもって増加させることが可能です（195条2項）。また、条例をもって議員のうちから選任しないことも可能です（196条1項ただし書）。

　長以外の執行機関は基本的に合議体ですが、監査委員は、その名が「監査委員会」ではないように、合議体ではなく、それぞれが独立して権限を行使する独任制の機関です。しかし、監査結果の報告や監査委員の意見は重要であることから、その決定について、監査委員全員の合議による必要があります。

　また、監査委員の中から代表監査委員が選任されますが、この代表監査委員は一種の内部管理機関に過ぎません。庶務などについて監査委員を代表する立場で事務を行うこともありますが、対外的に監査委員を代表するものではありません。

❖ 監査の種類

① 直接請求監査（事務監査請求）（75条）

　住民が、地方公共団体の事務の執行について、監査を請求した際に行うもので、直接請求の1つです（⇒Lesson 8）。なお、類似するものとして住民監査請求があります（⇒Lesson 23）。

② 議会の要求による監査（98条2項）

　議会が、地方公共団体の事務について、監査を請求した際に行うもので、その結果を議会に報告するものです。

③ 定期監査（199条4項）

　地方公共団体の財務に関する事務の執行や地方公共団体の経営に係る事業の管理について行う監査（財務監査）であり、毎会計年度1回以上、必ず行う必要のあるものです。

④ 随時監査（199条2・5項）

　監査委員が必要と認める場合であればいつでも監査を行うことが可能で

す。内容は、地方公共団体の事務の執行に関する行政監査と、定期監査と同じ財務監査があります。

⑤ **長の要求による監査**（199条6項）

長が、地方公共団体の事務の執行について、監査を要求した際に行うものです。

⑥ **補助金等の交付団体に対する監査**（199条7項）

監査委員が必要と認めるときや長から要求があるときは、補助金など財政的援助を与えているものに対し、その援助に係る事務を監査することができます。

長とほかの執行機関の関係

地方公共団体の執行機関の組織は、長の所轄の下に、それぞれ明確な範囲の所掌事務と権限を有する執行機関によって、系統的にこれを構成する必要があります（138条の3）。

この「所轄」という用語は、2つの機関の間において、一方がより上位であることを前提としつつも、他方がその上位の機関から相当程度独立した機関であることを意味します。

つまり、長と長以外の執行機関とは全く対等の関係にあるわけではなく、長は地方公共団体の全ての執行機関の総括的代表者としての地位を有します。一方で、長は長以外の執行機関に対する指揮監督権を有しているわけでもありません。

また、長は、その権限に属する事務の一部を「委員会・委員」や「委員会・委員を補助する職員」に委任することができるとともに、「委員会・委員を補助する職員」に補助執行させることが可能です（180条の2）。

一方、委員会・委員は、その権限に属する事務の一部を「長の補助機関である職員等」に対し委任することができるとともに、補助執行させることが可能ですが（180条の7）、長に対し委任することや長に補助執行させることはできません。

なお、委員会は、法令や条例・規則に違反しない限りにおいて、その権限に属する事務に関し、規則等を定めることができますが（138条の4第2項）、規則に反しない限りとされているとおり、形式的効力は長の規則が優先します。

Column

地方公営企業ってなに？

　水道事業やバス事業、鉄道事業を経営している地方公共団体は少なくないのではないでしょうか。一般的にこれらの事業を「地方公営企業」と呼びます。

　自治法は、地方公営企業について、その組織や職員の身分取扱、財務や特例について別に法律で定めると規定しており（263条）、地方公営企業法や地方公営企業等の労働関係に関する法律などが別に定められています。

　地方公営企業は、地方公共団体が住民の福祉の増進を目的として設置し、経営する企業であり、税ではなく、提供するサービスの対価である収入（例えば水道料金）によって事業が維持される点が最大の特徴といえます。

　また、企業としての合理的・能率的な経営の確保、経営の責任者の自主性の強化、責任体制の確立の観点から管理者を設置しています。管理者は、人事権、契約締結権、労働協約締結権を有するとともに、予算の原案を作成することができます。また、その業務に関し、管理規程を定めることもできます。

　財務についても企業会計方式をとっており、一般的な現金主義会計・単式簿記とは異なり、発生主義会計・複式簿記を採用しています。

　一方で、「企業」ではあるものの、法人格を有するものではなく、地方公共団体の中の組織の1つという位置付けとなります。その点では執行機関と同じような位置付けとの印象を受けます。

　しかし、公営企業の管理者は、長以外の執行機関が有していない権限（契約締結権など）を有する一方、長の補助機関であり、長の指示権が明記されているなど（地方公営企業法16条）、差異も多いといえます。

Lesson 12 補助機関ってなに？ その組織は？

補助機関と内部組織

○長を補助するための機関として副知事・副市区町村長、会計管理者や会計職員、職員が置かれます。
○補助機関の給与などの勤務条件は、自治法にも規定があり、法律や条例に基づくことなく給与などの給付を行うことはできません。
○長は、内部組織を設けることができますが、直近下位にあたる内部組織の設置や分掌する事務については、条例で定める必要があります。

本書の読者の多くは補助機関に該当すると思いますが、とすると「補助機関ってなに？」との表題は「あなたは自治法でどう位置付けられているか？」と同じ意味です。また、地方公共団体内に設置されている組織も同様です。こういった基本的なこと・当たり前なことは、普段なかなか意識しないかもしれませんが、であるからこそ見落としがちであり、しっかり押さえたいポイントです。

長の補助機関

地方公共団体の事務事業は多岐にわたるため、長1人でそれらを遂行することは不可能です。よって、副知事など多くの職員が職務に従事しています。これらの職員は長の**補助機関**とされ、具体的には副知事・副市区町村長、会計管理者や会計職員、職員、専門委員（⇒Lesson 13）を指します。

長は、その権限に属する事務の一部を補助機関である職員に委任することや、臨時に代理させることができます（153条）。また、その補助機関である職員を指揮監督します（154条）。

一方、教育委員会、人事委員会など長以外の執行機関の長・委員や、それ

らに置かれる職員、また議会事務局の職員は、長の指揮監督を受ける補助機関ではありません。

副知事・副市区町村長

　副知事・副市区町村長は、長を補佐し、その補助機関である職員を監督するとともに、長の命を受け政策・企画をつかさどり、長の職務を代理する機関です（167条）。副知事・副市区町村長の定数は条例で定める必要があり（161条2項）、一方で、条例により置かないことも可能です（同条1項ただし書）。

　副知事・副市区町村長は、長が議会の同意を得て選任します（162条）。副知事・副市区町村長の選任の議案の提出は長のみ可能であり、議会は修正権を有しておらず、可決か否決のみ行うことができます。

　副知事・副市区町村長の任期は4年ですが、長は、任期中でも解職することができます（163条）。

　副知事・副市区町村長が退職する場合は、原則として、退職しようとする日の20日前までに長に申し出る必要があります（165条2項）。また、副知事・副市区町村長のうち長の職務を代理する者は、原則として、退職しようとする日の20日前までに議会の議長に申し出る必要があります（同条1項）。

会計管理者・会計職員

　会計管理者は、地方公共団体の現金などの出納や会計事務をつかさどる職員であり、長が補助機関から任命する一般職の職員で、1名置かれます（168条）。地方公共団体の会計事務は公正に行われる必要があるため、会計事務を担任する会計管理者は、長の補助機関ではあるものの、他の補助機関とは異なり、一定程度、長から独立しています。

　また、会計管理者の事務を補助させるため出納員などの会計職員が置かれます。出納員は会計管理者の命を受けて現金や物品の出納や保管の事務を行い、他の会計職員は、上司の命を受けて会計事務を行います（171条）。

そのほかの職員

　地方公共団体には、副知事・副市区町村長・会計管理者・会計職員以外の補助機関、すなわち一般的な職員が置かれます（172条1項）。職員の定数は条例で定める必要がありますが、臨時・非常勤の職員の定数は、条例で定める必要はありません（172条3項）。

　職員に関する任用、人事評価、給与、勤務時間などの勤務条件や分限・懲戒などの身分取扱いに関しては、地方公務員法の規定によりますが、一部自治法にも規定されています。

　具体的には、地方公共団体は、補助機関たる常勤の職員に対し、給料や旅費を支給する必要があります（204条1項）。また、条例で、扶養手当、地域手当、住居手当、通勤手当などの諸手当や退職手当を支給することができます（同条2項）。

　そして給料・手当・旅費の額・支給方法は、条例で定める必要があり、いかなる給与・給付であっても、法律や法律に基づく条例の根拠がなければ、支給することができません（204条の2）。

　この考え方は、長の補助機関だけではなく、長以外の執行機関に置かれる職員や議会事務局の職員にも適用され、議員や非常勤の委員も同様です。

内部組織

　長は、その権限に属する事務を分掌させるため、局・部・課など必要な内部組織を設けることができます。この場合、長の直近下位にあたる内部組織については、その設置や分掌する事務を条例で定める必要があります（158条1項）。

　長の直近下位以外の内部組織については、その設置や分掌する事務を規則で定めることが通例です。

　なお、内部組織の編成にあたっては、事務事業の運営が簡素かつ効率的なものとなるよう十分配慮する必要があります（158条2項）。

総合出先機関・特別出先機関

長は、その権限に属する事務全般を分掌させるため、都道府県は**支庁・地方事務所**を、市区町村は**支所・出張所**を設けることができます。これらを**総合出先機関**といい、その名称や所管区域は、条例で定める必要があります（155条2項）。

また長は、特定の事務について、地域的に分掌する**特別出先機関**を設置することもできます（156条1項）。特別出先機関の例としては保健所、警察署、税事務所などが挙げられ、その名称や所管区域は、条例で定める必要があります（同条2項）。

図表12-1　長・補助機関・内部組織の概略図

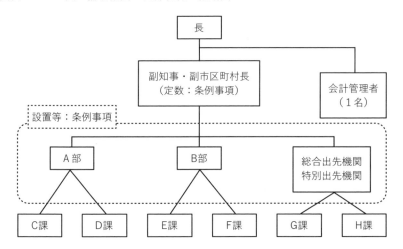

Lesson 13 附属機関や専門委員ってなに？ 違いは？

附属機関の役割と条例主義

○附属機関や専門委員は、社会問題の複雑化・多様化に対応し、専門的な知識を踏まえて行政運営を行うために置かれるものです。
○調停・審査・審議・調査などを行う機関として第三者機関（附属機関）を設置する場合は、条例を制定する必要があります。
○専門委員は、長の委託を受けて、専門委員が有する専門的経験をもって特定の事項について調査研究を行う者です。

「この施策や事業は進めて本当に大丈夫なのだろうか？」。このような不安を抱えたことがある方もいるのではないでしょうか。なかなか類例のない問題に対応する場合は、より強く感じるかもしれません。地方公務員は特定の分野の専門家とは限りません。よって、特定の分野に関し専門的知識をもった有識者などの意見を聴きながら業務を行うことが望ましい場合も多くあります。一方で、自治法はそのような場合を想定した規定を設けています。

附属機関とは

地方公共団体は、法律・条例の定めるところにより、執行機関に、自治紛争処理委員・審査会・審議会・調査会など、調停・審査・諮問・調査のための機関として、**附属機関**を置くことができます（138条の4第3項）。

附属機関の設置に法律や条例の根拠を要する趣旨は、執行機関による組織の濫用的な設置を防止するとともに、その設置に議会による民主的統制を及ぼすためです。

附属機関は、主に職員以外の第三者である委員をもって構成される合議制の会議体です。一方、法律に特別な規定がある場合を除き、地方公共団体の

機関として対外的な意思決定を行う権限はありません。いわば、執行機関が事務事業を行うための前提として必要な調停・審査・審議・調査を行うための機関といえます。

附属機関は、社会問題の複雑化・多岐化を受け、その専門的知識を有する委員を構成員とする機関が調査などを行うためや、住民参加など行政の意思決定における民主的な参加を担保するため、設置されるものです。

附属機関の構成員は、特別職の非常勤職員となり（202条の3第2項）、条例に基づき報酬を支給する必要があります。

また、附属機関の庶務は、執行機関の職員が担当するものとされ（202条の3第3項）、附属機関に独自の職員を置くことはできません。

附属機関の構成員

附属機関の構成員は法律・条例の規定により委嘱・任命されますが、長が附属機関の長となることや、補助機関が構成員になることは禁止されていません。

常勤の職員を兼ねることが禁止されている議員も、附属機関の構成員は非常勤の職員であることから、附属機関の構成員となることは可能です。しかし、特に長との関係から、議員を附属機関の構成員とする際は、その附属機関の目的などを考慮して慎重に判断する必要があります。

また、議員を附属機関の構成員とする場合、議員としての報酬と構成員としての報酬の双方を支給することができるかという問題があります。両方の職務が重複している場合は、二重支給とならないよう留意する必要があります。

附属機関に類似する会議体

附属機関に類似する会議体として、いわゆる「私的諮問機関」が挙げられます。公費により設置している以上「私的」とはいえませんが、要綱に基づ

く会議体を指すことが一般的です。「要綱」とは、住民の権利義務に関わらない行政の内部基準であり、議決を得て制定した法令である条例とは全く異なるものです。

要綱に基づく私的諮問機関が、例えば外部委員から構成される審査機関であるなど、実質的には附属機関に該当する場合は、附属機関を条例に基づくものとした自治法の趣旨に反するものとなります。そして、違法に設置された私的諮問機関の構成員への謝金などの支出が、違法な支出とされる可能性があります。

◎重要判例　要綱に基づく会議体の構成員への謝礼が違法な支出であるかが争われた事件

（大阪高判平成27年6月25日判自409・16。自治百選84）

【事実・ポイント】

上記のとおり附属機関は条例で設置する必要があります。地方公共団体において要綱に基づき設置されていた機関が17ありましたが、それが自治法138条の4第3項の附属機関に該当し、条例で設置していない違法なものであるか否か、そのような機関の構成員に謝金を支払うことが違法であるか否かがポイントです。

【判決の概要】

138条の4第3項の附属機関とは、執行機関の行政執行のためや行政執行に伴い、調停・審査・調査・諮問を受けて審議を行うことを職務とする機関を指すものであり、17の機関は全て附属機関に該当するとしました。なお、附属機関に該当するには、合議制であるか否か、恒常的に設置されるか否かは問わないとされています。

一方で、当時は、附属機関の意義の解釈を示した最高裁判例等は存在しないことなどから、公金の支出については、故意・過失や指揮監督上の義務に違反したとまでは認められないとされました。

専門委員とは

専門委員とは、専門的な学識経験を有し必要な調査報告を行う長の補助機関をいいます。

地域課題の複雑化・高度化や住民の行政に対する需要の多様化に伴い、行政には専門的知識がますます必要となっています。一方、長の補助機関の中に深い専門的知識を有する職員がいるとは限らないため、専門委員の制度が設けられています（174条1項）。

専門委員は、附属機関とは異なり合議制ではなく、行政執行のための直接の調査機関となります。具体的には、長の委託を受けて、専門委員が有する専門的知識をもって特定の事項について調査研究し、その結果を長が参考とする、というものとなります。

専門委員は、専門の学識経験を有する者の中から長のみで選任が可能です（174条2項）。また、専門委員の資格は「専門の学識経験を有する者」であり、それ以外特に制限はありません。

一方、専門委員は長の補助機関となるため、議会と長の関係から、議会の議員を専門委員に選任することは自治法の趣旨に合致しないとされています。

なお、専門委員は、特別職の非常勤職員となります。また、長以外の執行機関に専門委員を置くことはできません。

Lesson 14 会計年度ってなに？ なぜ必要なの？

会計年度独立の原則

○会計年度は財務処理の実態を正確に把握するため設定されるもので、4月1日から翌年3月31日までをいいます。
○各会計年度における歳出は、原則として、その年度の歳入をもって充てる必要があり、それを「会計年度独立の原則」といいます。
○一方で、各会計年度内に全ての処理を終えることは困難であるため、出納整理期間が設けられています。

年度末など特定の時期になると会計担当などから「この契約の支払、間に合いますか？」といった問合せや照会を受けたことはありませんか。そのような問合せなどを行う理由には「会計年度」というものが大きく影響しています。公金の支出など財務に一切関与しない地方公務員はほぼいないのではないでしょうか。自治法には財務に関する規定が多くありますが、まずは、基本的な枠組みである「会計年度」を理解することが必要です。

会計年度とは

地方公共団体は様々な活動を行っています。当然、その活動には経費が必要となりますが、経費は公費によって賄われているため、その財務処理は適正である必要があります。

そして、地方公共団体の財務処理が適正であるか否かを判断するためには、財務処理の実態を正確に把握する必要があります。

一方、地方公共団体の活動には、いわば「年中無休」であるものや「終了」が想定されないものもあり、その収入や支出は絶えず継続しているともいえます。よって、財務処理の実態を正確に把握するためには「区切り」を設定

する必要があり、そのために設けられる期間を「**会計年度**」といいます。地方公共団体の会計年度は、毎年4月1日に始まり、その翌年の3月31日に終わるものとされ（208条1項）、地方公共団体の会計年度の「区切り」は明確にされています。

会計年度独立の原則

　各会計年度における歳出は、その年度の歳入をもって充てる必要があります（208条2項）。これが「**会計年度独立の原則**」です。
　例えば、ある年度の歳出をその翌年度の歳入から賄うとすれば、歳入歳出の均衡や、財務処理の実態を正確に把握する会計年度の趣旨を損なうことになりかねません。
　この会計年度独立の原則は、一会計年度における一切の収入や支出は、全てこれを歳入歳出予算に編入（計上）する必要があるとする**総計予算主義**（210条）や、予算はその年度のみを拘束し、次年度以降の予算には影響しないとする**予算単年度主義**とも大きく関係しています。
　一方、これらの例外も許容されています。具体的には、①**継続費**（逓次繰越）、②**繰越明許費**、③**事故繰越**、④**過年度収入・過年度支出**、⑤**歳計剰余金の繰越**、⑥**翌年度歳入の繰上充用**などが自治法や施行令で規定されています（⇒Lesson 15）。

どの年度に所属する会計か

　地方公共団体の収入や支出は絶えず継続しています。よって、個々の収入や支出がどの会計年度に属するか明らかではない場合も想定されます。
　例えば、会計年度末（3月31日）まで任用していた職員の3月分の時間外勤務手当は翌4月、すなわち翌年度の支払となり、時間外勤務をした年度と手当を支給する年度は異なります。このような場合のために、図表14－1のとおり、歳入と歳出の会計年度の所属区分が規定されています。

図表14-1　会計年度の所属区分一覧

① 歳入（自治令142条）

種類		どの会計年度に属するか
納期が一定である収入	原則	納期の末日の属する年度
	特別徴収の方法により徴収する住民税	徴収義務者が徴収すべき月の属する年度
	会計年度の末日までに申告がなかったとき	申告があった日の属する年度
	会計年度の末日までに納入通知書等を発しなかったとき	納入通知書等を発した日の属する年度
随時の収入	納入通知書等を発するもの	納入通知書等を発した日の属する年度
	納入通知書等を発しないもの	領収した日の属する年度
	地方交付税、地方譲与税、交付金、負担金、補助金、地方債など他会計から繰り入れる収入	収入を計上した予算の属する年度
附帯収入	督促手数料、延滞金、滞納処分費	その歳入の属する年度

② 歳出（自治令143条）

種類	どの会計年度に属するか
地方債の元利償還金、年金、恩給	支払期日の属する年度
給与等	支給すべき事実が生じたときの属する年度
共済組合負担金、社会保険料、賃借料、光熱水費、電信電話料	支出の原因事実の期間の属する年度
賃借料等のうち支出の原因事実の期間が2年度にわたるもの	支払期限の属する年度
工事請負費、物件購入費、運賃・補助費の類で相手方の行為完了後に支出するもの	履行のあった日の属する年度
上記の経費以外の経費	支出負担行為をした日の属する年度
旅行期間が2年にわたる場合の旅費	前の年度の歳出予算から支出。ただし、返納金・追給金は精算を行った日の属する年度

出納整理期間

 出納整理期間とは、会計年度が経過した後の翌年度に、前の年度に属する予算について収入や支出を行うことができる期間をいいます。具体的には翌年度の4月1日から5月31日までの2か月間をいい、この期間を「出納整理期間」と、最終日の5月31日を「**出納閉鎖日**」といいます（235条の5）。

 地方公共団体の歳入・歳出は会計年度を単位として行われます。しかし、個別の収入や支出の手続は、起案・決裁や審査など一定の手続・時間を要します。よって、例えば契約期間が年度末までの契約に基づく支出など、全ての手続を会計年度内に終了させることは現実的に困難であるため、出納整理期間が設けられています。

 なお、出納整理期間は、いわば会計年度末までの間に執行した予算の収入や支出のための「猶予期間」に過ぎず、出納整理期間に新たな予算を執行することはできません。

 また、水道事業などの公営企業会計は、地方公共団体の会計における一般的な考え方である現金主義（支出や収入など実際に金銭のやり取りがあった時点を基準とする考え方）とは異なり、発生主義（金銭のやり取りではなく、取引が発生した時点を基準とする考え方）が採用されているため、出納整理期間は存在しません。

会計区分とは

 地方公共団体の会計は、**一般会計**と**特別会計**とに区分されます（209条1項）。

 特別会計は、①地方公共団体が特定の事業を行う場合や、②特定の歳入を特定の歳出に充て一般の歳入歳出と区分して経理する必要がある場合に、一般会計から分離して別に設ける会計をいい、条例により設置することができます（209条2項）。一方、一般会計は、特別会計以外の会計をいい、多種多様な事務事業にわたるものです。

 会計の区分の概要は図表14－2のとおりです。なお、「一般会計」と「公

営事業会計以外の特別会計」を「普通会計」といい、この区分は地方財政の統計において用いられます。

図表14−2　会計区分

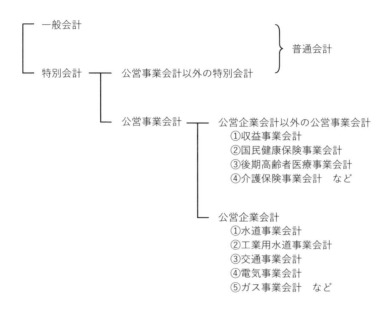

Lesson 15 予算ってなに？ 自由にやりくりできないの？

予算の内容と総計予算主義

○予算とは、一会計年度における地方公共団体の収入や支出の計画をいいます。
○歳入や歳出は一会計年度における一切の収入・支出を指し、その全てが予算に編成（計上）されなければなりません。
○予算は議会の議決を経て成立し、議会は、予算案を否決することや減額修正した上で可決することに制限はありませんが、増額修正には制限があります。

「この事業の予算が不足してしまった。まだ残っている別の事業の予算を充てたいのにできないのはどうしてか…」。このような疑問を持ったことがある方も多いのではないでしょうか。予算は地方公共団体の具体的な設計図ともいえるものであり、住民やメディアの関心も高く、政策をアピールできるものです。一方で、議会の議決を要するなどその手続や中身は多岐にわたるものの自由な要素は必ずしも多くなく、場合によっては不当な予算執行となることもあります。

予算とは

予算は一会計年度における地方公共団体の収入や支出の計画をいいます。「収入」とは、地方公共団体の様々な支払の財源となるべき一切の収納をいい、「支出」とは、地方公共団体における様々な経費の支出に関する一切の行為をいいます。

長は、毎会計年度予算を調製し、年度開始前に、議会の議決を経なければならないとされており（211条1項）、具体的には次の7項目が予算として定

められます（215条）。

❖ 歳入歳出予算

一会計年度における収入と支出の見積りをいい、歳入予算と歳出予算から構成され、予算の中核を担うものといえます。この歳入や歳出は一会計年度における一切の収入・支出を指し、その全てが予算に編成（計上）されなければなりません。これを「**総計予算主義**」といいます。

歳入予算はその性質にしたがって「款(かん)」という区分に大別した上でさらに「項」で区分する必要があります。歳出予算はその目的にしたがって「款」「項」に区分する必要があります。

この「款」「項」のほかに「目」「節」の区分もありますが、議決の対象となるのは「款」と「項」のみであり、その２つを**議決科目**といい、「目」と「節」を**執行科目**といいます。

なお、歳入予算は収入の見積に過ぎず拘束力を有しませんが、歳出予算は、支出の見積であるとともに、支出の内容や限度を制限する拘束力を有します。

また、特別会計を除き、歳入歳出予算には、予算外の支出や予算超過の支出のための予備費を計上する必要があります（217条1項）。この予備費は、議会の否決した用途に充てることはできません（同条2項）。

❖ 継続費

大規模な建築物の建造や河川の大規模整備など、その履行に複数年を要するものもあります。このような場合は、**継続費**として、その経費の総額と年割額を予算に定め、数年度にわたって支出することができます（212条）。

なお、継続費の各年度の年割額はその年度の歳出予算に計上する必要があります。また、継続費の会計年度ごとの年割額のうち、その年度内に支出が終わらなかったものは、逓次(ていじ)繰越として使用することができます。

❖ 繰越明許費

年度末になって急に決定された国の事業など、その財源は年度内に確保できるものの、その事業自体は翌年度にわたる場合も想定されます。このような歳出予算の性質上あるいは予算成立後の事由により年度内に支出が終わらない見込みがある場合は、予算の定めるところにより、繰越明許費として翌年度に繰り越すことができます（213条）。

❖ 債務負担行為

複数年にわたる委託契約など、歳出予算の金額・継続費の総額・繰越明許費の金額の範囲内のもの以外で、将来にわたって債務の負担を定める場合は、予算で債務負担行為として定める必要があります（214条）。継続費と似ていますが、債務負担行為は「翌年度以降の支出のお墨付き」といえます。

図表15－1　継続費・繰越明許費・債務負担行為のイメージ図

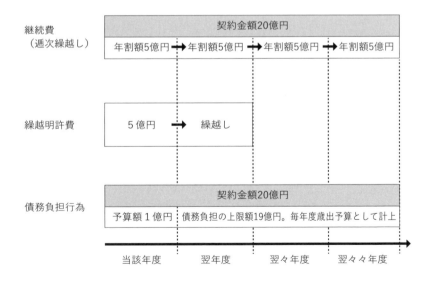

❖ **地方債**

　地方債とは、地方公共団体が資金調達のために負担する債務で、その返済までの期間が一会計年度を超えるものをいいます（⇒Lesson 16）。

❖ **一時借入金**

　長は歳出予算内の支出をするために一時借入金を借り入れることができます（235条の3第1項）。一時借入金は歳出予算内の支出現金の一時的な不足を補うための資金繰りであり、その会計年度の歳入をもって償還する必要があります（同条3項）。よって、歳入となるものではありませんが、その借入金額の最高額を予算で定める必要があります（同条2項）。

❖ **歳出予算の各項の経費の金額の流用**

　歳出予算の「款」と「項」は議決の対象です。各款の間で相互に流用することはできませんが、予算を弾力的に執行するために、予算の定めるところにより各項の間で相互に流用することは可能です。

◎重要判例　実質的には給与に該当する支出を別の科目から支出することの是非が争われた事件

（大阪高判平成元年1月27日判タ690・261）

【事実・ポイント】

　上記のとおり歳出予算はその目的にしたがって「款」「項」に区分する必要があります。予算上の款項目を「負担金補助及び交付金」とし、職員厚生費等の名目で職員に個別支給された金員が、いわゆる「ヤミ給与」にあたり違法であるか否かがポイントです。

【判決の概要】

　地方公共団体の支出は全てこれを歳出予算に計上しなければならず、執行機関は、歳出予算に計上されて初めて支出の根拠を付与されるとともに、例外である場合を除き、予算に計上されていない支出をすることはできないとしました。

その上で、職員厚生費等の名目で職員に個別支給された金員は、予算の款項目の「給与」や「職員手当等」に計上されていないにもかかわらず、その実質は手当や給与を支給したものであるから、違法な支出であるとされました。

会計年度独立の原則などの例外

　上記の継続費の逓次繰越や繰越明許費以外に、会計年度独立の原則などの例外があります。

❖ 事故繰越し

　例えば、予期しない災害のために年度内に工事の完了が不可能となることも想定されます。このような場合のように、年度内に支出負担行為を行い、避けがたい事故のために年度内に支出を終わらなかったものは、翌年度に繰り越して使用することができます（220条3項ただし書）。

❖ 過年度収入・過年度支出

　ある年度の収入や支出はその年度内（出納整理期間内）に支払を受け、また支出を行うのが原則です。しかし、ともに相手方があることであるため、その状況によっては、年度内（出納整理期間内）に支払を受けられず、また支出を行うことができないことも想定されます。
　このような場合のように、出納整理期間後に受けた収入や支払った支出は、現年度（すなわち翌年度）の収入や歳出とする必要があります。

❖ 歳計剰余金の繰越し

　決算時は、通常であれば歳入が歳出を上回り、剰余金が生じます。この剰余金は翌年度の歳入に繰り越すことが原則ですが、条例や議決により、剰余金の全部または一部を基金に編入することができます（233条の2）。
　なお、剰余金の半額以上の金額については、積み立てるか、地方債の償還

の財源に充てることが必要です（地方財政法 7 条 1 項）。

❖ 翌年度歳入の繰上充用

歳入が過大に見積もられていたり、予期せぬ災害や経済情勢の悪化などにより資金不足に陥ることも想定されます。このような場合など、会計年度経過後に歳入が不足するときは、翌年度の歳入歳出予算において前年度の歳出に充てるための金額を計上することができます（施行令166条の2）。

予算の種類

図表15-2のとおり予算には様々な種類があります。

図表15-2　予算の種類

当初予算	会計年度が始まる前に調整される最初の予算
補正予算	災害対応や新たな施策の実施など年度途中に生じた事案への対応のために、既定の予算に追加や変更を加える予算
骨格予算	義務的経費以外の政策的経費を計上しない予算。会計年度開始後の早い段階で長の選挙が予定されている場合などに編成される。
肉付け予算	骨格予算に政策的経費を計上する予算。長の選挙が終了した後などに編成される。
暫定予算	会計年度開始までに当初予算が成立しない場合に、当初予算成立までに編成される予算。当初予算が成立した場合は、それに吸収される。

予算の調製・提出と議会の権限

❖ 予算の調製・提出

予算を調製する権限（予算をまとめる権限）は長のみが有します。長以外の執行機関は予算を調製する権限を有しません。一方、例えば歳出予算のう

ち教育予算については、長は、教育委員会の意見を聞く必要があるなど、一定の配慮がなされています。

また、水道事業などの地方公営企業の予算は、その管理者が原案を作成する権限を有しており、その後、その原案に基づき長が調製します。

そして、最終的に長が予算案を議会に提出します。その際、歳入歳出予算事項別説明書・給与費明細書などの予算に関する説明書を併せて提出する必要があります（211条2項）。

❖ 議会の権限

議会は、長から提出された予算案に対し議決権を有します。よって、議会は、予算案を否決することや、減額修正した上で可決することが可能です。

一方で、議会は、長の予算提出権を侵すことはできません（97条2項）。よって、予算案を増額して修正することも可能ですが、その是非は個々の事案ごとに判断する必要があります。仮に議会による増額修正が違法であると判断する場合は、長は再議に付す必要があります。

Column

補助金との付合い方

ほとんどの地方公共団体の予算には「国などからの補助金」が計上されているのではないでしょうか。国などの補助金は政策や事業にとって重要な意味を持ちます。国などの補助事業であること自体が、その政策や事業の必要性の裏付けともなりますし、当然ですが、補助金がなければ全額自己負担となります。

一方で、補助金は国などの決定に依存する財源（依存財源）です。政治事情などによって突然「ゼロ」ということもありえます。

本来、地方公共団体は、地方税などの自主財源の規模に即して、身の丈に合った政策や事業を展開する必要があります。その前提に立って国などの補助金と「お付き合い」していく必要があり、補助金に依存しすぎることは潜在的なリスクを抱えていることであると意識する必要があります。

Lesson 16 収入ってなに？ 収入に必要な手続は？

収入の種類と方法

○自治法では、地方公共団体の収入として、地方税・分担金・使用料・加入金・手数料を規定しています。
○地方公共団体の歳入として収入する場合は、所属年度・歳入科目・納入すべき金銭などを調査して決定する「調定」を行う必要があります。
○収入は現金によりなされるのが原則ですが、住民の利便性と収納事務の効率性の観点から、クレジットカード払いなど様々な方法が認められています。

仮に収入がなければ、地方公共団体が行うことができることは非常に限られたものとなります。そもそも収入がなければ職員に給与を支払うこともできませんので「なにもできない」のかもしれません。したがって収入に関する業務は非常に重要なものであるといえます。一方で、近年は、収入について様々な方法を採用することができるようになりました。収入は住民に負担を強いる面もあり、適切に業務を行うためには正確な理解が必要です。

収入とその種類

収入とは、地方公共団体の諸活動の経費に充てるための財源である現金などを収納することをいいます。自治法では、地方公共団体の収入として、地方税・分担金・使用料・加入金・手数料を規定しています。また、自治法以外の法律に基づく収入として、地方交付税などがあります。

① **地方税**

地方公共団体は、法律の定めるところにより、**地方税**を賦課徴収することができます（223条）。地方税は、地方公共団体の課税権に基づき強制的

に徴収することができる最も基本的な収入です。

憲法は国民の納税義務を規定していますが（憲法30条）、同時に、新たに税を課すには法律の根拠を要するという「租税法律主義」も規定しています（憲法84条）。

そして、地方税は地方税法を根拠とするものですが、同法はあくまでも地方税制度の基本を定めたものであり、地方公共団体（同法では「地方団体」とされています）は、条例において、税目・課税客体・税率などを定める必要があります（同法3条1項）。

② 分担金

地方公共団体は、政令で定める場合を除き、特定の事業に要する経費に充てるため、その事業により特に利益を受ける者から、受益の限度内で、**分担金**を徴収することができます（224条）。

地方公共団体の事務事業の経費は税によって賄われるのが原則です。一方、例えば農道事業や防風・防水の措置など、その性質上、受益が一部の住民に限られる場合でも、その原則を貫くとすると、かえって不平等・不均衡になることも想定されます。このような場合は、条例で定めるところにより、分担金として、受益者に負担を求めることができます。

③ 使用料

地方公共団体は、行政財産（⇒Lesson 20）を使用させる場合や公の施設（⇒Lesson 24）の利用について**使用料**を徴収することができます（225条）。なお、使用料に関する事項は条例で定める必要があります。

④ 旧慣使用の使用料・加入金

市区町村は、旧来の慣行により特に公有財産を使用する権利を有する者があるときは、公有財産の使用につき使用料を徴収することができるほか、使用の許可を受けた者から加入金を徴収することができます（226条）。

⑤ 手数料

地方公共団体は、その事務で特定の者のためにするものにつき、**手数料**を徴収することができます（227条）。

「特定の者のためにするもの」とは、一私人の利益や行為のために必要

となったものをいい、例えば、戸籍や印鑑登録の証明が挙げられます。

手数料に関することは条例で定める必要があります。なお、全国的に統一して定めることが特に必要と認められる手数料については、「地方公共団体の手数料の標準に関する政令」で標準額が規定されています。

⑥ 地方債

地方債は、地方公共団体が資金調達のために負担する債務で、その返済までの期間が一会計年度を超えるものをいいます。

地方公共団体は、法律に定める場合に、予算で定めるところにより地方債を起こすことができます。その際は、総務大臣や都道府県知事との協議などが必要であるとともに、地方債の起債の目的・限度額・起債の方法・利率・償還の方法を予算に定める必要があります（230条）。

⑦ 地方交付税

地方交付税は、地方公共団体間の財源調整や地方公共団体の財源保障の観点から、一部の国税の一定割合の額を、地方公共団体が等しく事務を遂行できるようにすることを目的として、国が交付する税をいいます。

しかし、本来は地方公共団体の財源となるものであり、地方交付税は、地方税と同じ性格の収入といえます。

収入の方法

地方公共団体の歳入として収入する場合は、所属年度・歳入科目・納入すべき金銭などを調査して決定する「調定」を行う必要があります。また、地方債や地方交付税など納入通知を必要としない場合を除いて、納入義務者に納入の通知を行う必要があります（231条、施行令154条1項・2項）。

収入は現金によりなされるのが原則であり、会計管理者が直接受領するか、指定金融機関など（⇒Lesson 19）において受領することとなります。

一方、住民の利便性と収納事務の効率性の観点から、次の方法が認められています。

① 証紙による収入

地方公共団体は、使用料や手数料の徴収について、条例の定めるところにより、証紙による収入の方法によることができます（231条の2第1項）。

　これは、大量・定型的に処理する事務について、窓口で現金を取り扱うことが適切ではない場合に、住民があらかじめ購入した証紙を申請書などに貼付することで、現金納付に代えるものです。コンビニエンスストアで販売されている「ごみ処理券（証紙）」が典型例です。

　この場合は、証紙の売りさばき代金をもって歳入とし、証紙の代金を収納したときが歳入の時期となります（231条の2第2項）。

② 口座振替・証券による収入

　証紙による収入の方法によるもの以外のものとして、地方公共団体の歳入は、指定金融機関などを指定している場合は、口座振替の方法により、あるいは証券をもって納付することができます（231条の2第3項）。

③ 指定納付受託者制度

　指定納付受託者制度とは、納付者が、長が指定した指定納付受託者に委託して納付する仕組みをいい、大きく2つに区分されます（231条の2の2）。

　1つは、納付者が、バーコードが記載された納入通知書をコンビニエンスストアなどに提示して納付する方法です。

　もう1つは、納付者が、クレジットカード・電子マネー・スマートフォンのアプリを利用して、キャッシュレス決済により納付する方法です。

過料の徴収

　詐欺や不正の行為により、分担金・使用料・加入金・手数料の徴収を免れた者について、条例で、その徴収を免れた金額の5倍に相当する金額（5倍に相当する金額が5万円を超えないときは、5万円）以下の過料を科する規定を設けることができます（228条3項）。

　また、詐欺や不正の行為に該当しない行為であっても、分担金・使用料・加入金・手数料の徴収について、条例で5万円以下の過料を科する規定を設けることができます（同条2項）。

分担金等に対する審査請求

　分担金・使用料・加入金・手数料の徴収に関する処分についての審査請求は、長以外の機関がした処分である場合であっても、また、長が最上級行政庁でない場合であっても、全て長に対して行うものとされています（229条1項）。

　そして裁決（審査請求に対する判定）を行う場合、長は議会に諮問する必要があります（同条2項）。また、審査請求が不適法であるとして却下する場合は議会への諮問は不要ですが、却下した旨を議会に報告する必要があります（同条4項）。

Column
地方税法の歴史

　地方公共団体の最も基本的な収入は地方税であり、その根拠は地方税法となります。この地方税法の制定に大きく影響したのが、戦後、アメリカのシャウプ博士を中心として作成された「シャウプ勧告」です。

　シャウプ勧告は税務行政全般にわたった、戦後の税制の基本となったものですが、地方自治の確立のための地方財政の強化も盛り込まれていました。

　具体的には、①住民にとってより身近な市町村を強化する必要があることを踏まえ、市町村税を充実させること、②課税を行う主体としての地方公共団体の責任を住民に対して明確にするため、国税や府県税の税額を基準に賦課される附加税の廃止・独立税の確立、③税の簡素化のために、その種類を減らし税率を引き上げることなどです。

　現行の地方税法はこのようなシャウプ勧告を踏まえ制定されたものですが、現在の地方税法、あるいは税制全般に、シャウプ勧告の精神はどれほど生きているでしょうか。

Lesson 17 支出ってなに？ 支出に必要な手続は？

支出の種類と留意点

> ○地方公共団体の支出には、契約、給与の支給決定、補助金の交付の決定などの支出負担行為が必要となります。
> ○地方公共団体の支出は、原則として、債務確定後に会計管理者が現金で支払いますが、様々な例外があります。
> ○宗教上の組織・団体や国に対する支出など、一定の制限があります。

　地方公共団体は様々な事務事業を行いますが、そのほとんどに支出を伴うため、支出事務は非常に多く発生します。しかし、担当者の一存で支出の決定が許されるかというと、そんなはずはありません。必要な手続を省略して支出を行うと、その支出は違法・不当な支出とされる可能性もあります。支出の財源は住民からの税などであるため、支出の決定には慎重になる必要があり、支出のルールを知ることは部署にかかわらず必須です。

支出の手続

　地方公共団体は、その事務を処理するために必要な経費や法律・政令によりその負担に属する経費を支出する必要があります（232条1項）。なお、支出は、地方公共団体の事務事業に必要な現金を支払うことをいいますが、一定の手続を要します。

① 支出負担行為

　地方公共団体の支出には、「**支出負担行為**」が必要となります。支出負担行為とは「支出の原因となるべき契約などの行為」をいい（232条の3）、典型例は契約ですが、ほかにも給与の支給決定、補助金の交付の決定、賠償金の支出の決定など多くの行為が該当します。そして支出負担行為は法

令や予算の定めるところに従い行われる必要があります（同条）。

なお、この支出負担行為に先立って、予算執行伺などの準備行為が行われるのが通例です。

② **支出命令・支出**

現金の出納は会計管理者の権限であり（170条2項1号）、長は支出を行うことができません。支出の際は、長は、その権限を有する会計管理者に支出を命令することになります。この命令を一般に「**支出命令**」といいます。

支出命令の際は、①地方公共団体の支払債務が確定していること、②原則として弁済期にあること、が必要となります。一方で、各種電話料金の支払など債務の確定を待たないで支払の準備を行うことが適当なものについては、債務が確定する前に支出命令を行うことが可能です（施行令160条の2第2号）。

一方、会計管理者は、長から命令を受けなければ支出を行うことができません（232条の4第1項）。また、長から支出命令を受けた場合は、その命令の前提となる支出負担行為が法令や予算に違反していないことや債務が確定していることを確認する必要があります（同条2項）。

◎**重要判例　適正な手続を経ない契約に基づく支出の適法性が争われた事件**
（最判平成25年3月21日民集67・3・375。自治百選55）

【**事実・ポイント**】

上記のとおり支出には契約などの支出負担行為が必要ですが、その契約が違法であった場合、それに基づく支出命令もまた違法であって、支出が許されるのか否かがポイントです。

【**判決の概要**】

地方公共団体が締結した契約が違法に締結されたものであるとしても、それが私法上無効ではない場合には、特殊な事情がある場合を除き、契約に基づいて支出命令を行う職員は、その違法な契約に基づいて支出命令を行ってはならないとはいえないとされました。

その上で、その契約に基づく債務の履行として行う支出命令が違法なものと

なることはないとされました。

支出の方法

　上記のとおり、地方公共団体の支出は、原則として「債務確定後」に「会計管理者」が「現金」で支払います。
　一方その例外として、①**資金前渡**、②**概算払**、③**前金払**、④**繰替払**、⑤**隔地払**、⑥**口座振替**の方法によって行うことができます（232条の5第2項）。
　① 資金前渡
　　現金で支払う必要がある場合に、それを行う職員にあらかじめ必要な資金を渡しておくことができます（施行令161条1項）。その資金を受けた職員は、支出の相手方や支払うべき金額を確認して、支払を行います。
　　例として給与や生活扶助費が挙げられ、支払う主体が会計管理者であるという原則の例外となります。
　② 概算払
　　相手方の行為によって最終的な債務の額が確定する事案には、その確定前に一定程度の支払を行っておく方が適切な場合があります。そのような場合は、債務が確定する前に支払うことができます（施行令162条）。
　　なお、確定した後に精算が必要であり、不足があれば追加で支払い、余剰があれば返還を求めます。仮に過不足がなかったとしても、その確認として精算は必要です。
　　例として旅費や補助金が挙げられます。
　③ 前金払
　　相手方との公平性の確保や事務の円滑な遂行のため、支払うべき事実の確定前や支払うべき時期が到来する前に支払うことができます（施行令163条）。
　　例として定期刊行物の代価や運賃が挙げられます。
　④ 繰替払
　　収納した現金を特定の経費のために一時的に繰り替えて支出することが

できます（施行令164条）。これは、収納と支出が強く関連するとともに両者の時期が近接する場合は、納入を受けた現金をもって支出の原資に充てた方が効率的であることを考慮したものです。

例として、地方税の報奨金や競馬の投票券の払戻金が挙げられます。

⑤ 隔地払

あらかじめ債権者に支払場所を指定し、指定金融機関などに資金を交付して送金手続を行うことができます（施行令165条）。

隔地払を受ける債権者は、会計管理者からの通知を持参して指定された場所に赴き、その場所で通知を提示して支払を受けることができます。

⑥ 口座振替

指定金融機関などに口座を有している債権者に対し、その口座へ、地方公共団体の口座から振替を行うことができます（施行令165条の2）。これは債権者から申出があった場合に行うことができます。

支出の制限

支出の根拠となる予算は厳格なルールに基づき編成され、議会の議決により成立しますが、一方で、その執行は長に委ねられています。よって、支出には多くの制限がなされていますが、そのうち重要なものは次のとおりです。

① 宗教上の組織・団体に対する支出

憲法20条1項は「信教の自由は、何人に対してもこれを保障する。いかなる宗教団体も、国から特権を受け、又は政治上の権力を行使してはならない」と規定しています。また、同条3項は「国及びその機関は、宗教教育その他いかなる宗教的活動もしてはならない」と規定しています。いわゆる「政教分離」です。

さらに、憲法89条は「公金その他の公の財産は、宗教上の組織若しくは団体の使用、便益若しくは維持のため、（中略）、これを支出し、又はその利用に供してはならない」と規定しており、これは財政面からの政教分離の規定といえます。

◎重要判例　宗教的性質を有する施設に対する使用料を免除した行為の是非が争われた事件

（最大判令和3年2月24日民集75・2・29。那覇孔子廟事件・自治百選108）

【事実・ポイント】

　上記のとおり宗教上の組織・団体に対する支出は禁止されています。この点につき、都市公園内に宗教的性質を有する施設の設置を許可する際に、施設の敷地の使用料全額を免除する市長の行為が、政教分離に違反する違法なものであるか否かがポイントです。

【判決の概要】

　政教分離は、国・地方公共団体が宗教との一切の関係を持つことが許されないというものではなく、その関わり合いが我が国の社会的・文化的諸条件に照らし、信教の自由の保障の確保という制度の根本目的との関係で相当とされる限度を超えるものと認められる場合に許されないものとなるとしました。

　その上で、対象となる行為が政教分離規定に違反するか否かを判断するに当たっては、①施設の性格、②免除をすることとした経緯、③免除に伴う公有地の無償提供の態様、④これらに対する一般人の評価など諸般の事情を考慮し、社会通念に照らして総合的に判断すべきであるとし、本件の免除等の行為は憲法20条3項の禁止する宗教的活動に該当するとしました。

② 国への支出

　国の機関の設置や維持・運営に要する経費など、地方公共団体が権限を有しない事務を行うための経費は、法律などで定めるものを除き、地方公共団体が負担することはありません（地方財政法12条）。

　また、国会議員の選挙に要する経費など、専ら国の利害に関係のある事務を行うための経費については、地方公共団体は負担する義務を負いません（地方財政法10条の4）。

　なお、国は地方公共団体に対し、直接・間接を問わず、寄附金や寄附金に相当する物品を割り当てて、強制的に徴収することはできません（地方

財政法4条の5）。

③ 法人に対する財政援助

地方公共団体は、総務大臣の指定する会社や法人の債務を除き、会社や法人の債務について、保証契約をすることができません（法人に対する政府の財政援助の制限に関する法律3条）。

④ ほかの地方公共団体への支出

地方公共団体が処理すべき事務のために要する経費は、自らが負担する必要があります（地方財政法9条本文）。一方、特に問題となるのが、都道府県と市町村の関係です。

都道府県の行う建設事業（高等学校の建設事業を除く）のうち、その区域内の市町村を利するものについては、それによる受益の限度内で、建設事業の経費の一部を市町村に負担させることができます（地方財政法27条）。

なお、この市町村が負担すべき金額は、その市町村の意見を聞き、都道府県議会の議決を経る必要があります。

⑤ 寄附・補助

地方公共団体は、公益上必要がある場合は、寄附や補助をすることができます（232条の2）。

「公益上必要がある場合」に該当するか否かについては、一義的には長の判断に委ねられています。具体的には、補助金等を支出することについて長の裁量権の逸脱や濫用となるか否か、その時々の状況に照らし判断することになります。

なお、国の補助金等は補助金等に係る予算の執行の適正化に関する法律の適用を受け、いわゆる行政処分とされていますが、地方公共団体が交付する補助金等は同法の適用を受けません。よって、条例に基づく補助金等であれば行政処分とすることも可能であり、一方で、要綱に基づく補助金等であれば民法上の贈与と解されます。

Column

「法令又は予算の定めるところに従う」の意味

　自治法232条の3では、地方公共団体の支出の原因となる支出負担行為は、法令又は予算の定めに従って行う必要があると規定しています。

　このうち「法令の定めに従う」の意味は理解しやすいでしょう。法律や政令、条例や規則などと整合していることを意味します。

　ところで、遅延損害金などの場合に生じる端数の処理について戸惑うこともあるかもしれません。このような端数計算については、国等の債権債務等の金額の端数計算に関する法律により算定します。

　例えば、地方公共団体の債権・債務の確定金額に1円未満の端数があるときは、その端数金額を切り捨てるとされており、同法に沿った算定がなされる必要があります。なお、同法では地方公共団体の債権の全額が1円未満である場合は全額を切り捨て、債務の全額が1円未満である場合は1円とするとされています。

　次に「予算の定めに従う」とはどのような意味なのでしょうか。

　一般的に「予算の定めに従う」とは、支出科目が設定されていること、支出科目の予算の範囲内であること、支出の内容が支出科目の目的に沿っていること、見積書などに照らし支出金額が妥当であること、支出自体に必要性があること、などをいいます。

　よって、たとえ苦労して予算要求し、予算として計上されたとしても、単にそれを支出するだけでは、必ずしも「予算の定めに従う」となるわけではありません。

　いずれにせよ、法令・予算の定めに従っていない場合は、賠償責任が生じる可能性がありますので（⇒Lesson 22）、公金の支出は細心の注意を払う必要があります。

Lesson 18 契約の方法は？ 民法は適用されるの？

契約の種類と手続

○地方公共団体の契約には、原則として民法が適用されますが、公正かつ効率的な観点から、自治法で様々な規定が別に存在します。
○地方公共団体の契約の方法は、一般競争入札・指名競争入札・随意契約・せり売りがあり、原則は一般競争入札となります。
○地方公共団体が任意に特定の者を選択して契約する随意契約は、施行令に定める場合のみ行うことができます。

　契約の締結は支出に必要な支出負担行為の代表例です。一方で、例えば「契約の締結にあたって議会の議決が必要であったことを知らなかった」というような契約事務のミスに関する報道はよく見聞きします。地方公共団体が行う契約は原則的には民法などが適用されますが、自治法にも様々な規定が別に存在し、それを知らずに事務処理を行ったこと・見逃したことが事務ミスの原因でしょう。事務ミス自体が許されないことは当然ですが、その事後処理にも時間と労力を要します。効率的に業務を行うためにもルールを知ることは重要です。

契約の意義と基本

　契約とは複数当事者の意思表示が合致することにより成立する法律行為であり、売買契約や賃貸借契約、請負契約が代表例です。
　職員が業務を行う上では様々な物品が必要です。地方公共団体であっても、その購入など、私人と同様に経済活動を行うことは不可欠であり、各種契約を行う必要があります。その場合、基本的には民法などが適用されますが、公金の支出が公正かつ効率的なものとなるよう、自治法においても多くの規

定が存在します。

　なお、契約を締結するためには権利能力が必要となり、権利能力を有するのは自然人と法人です。よって、地方公共団体として契約を締結し、公金を支出する場合は、法人である地方公共団体が当事者となります（長などがその代表者となります）。

　また、契約の締結は長などの権限で行うことができますが、契約のうち施行令で定める基準（図表18－1）に従い条例で定めるものは、議会の議決が必要です（自治法96条1項5号、施行令121条の2の2第1項）。

　さらに、財産の取得や処分をする場合も、施行令で定める基準（図表18－2）に従い条例で定めるものは、議会の議決を必要とします（自治法96条1項8号、施行令121条の2の2第2項）。

　なお、当初は議決が必要な金額未満であっても、その後の変更契約などにより議決が必要な金額以上となった場合は、その際に議決が必要となります。

　また、本来であれば議決が必要な契約について、議決を避けるために敢えて分割し、一契約あたりの金額を下げることは脱法行為となります。

　さらに、勘違いが多い点ですが、消費税・地方消費税を含めた金額で判断する必要があります。

図表18－1　議決が必要かチェックすべき契約・その1

工事や製造の請負	都道府県	5億円以上
	指定都市	3億円以上
	指定都市以外の市区	1億5000万円以上
	町村	5000万円以上

図表18－2　議決が必要かチェックすべき契約・その2

一定の要件に該当する不動産・動産の買入れ・売払いや不動産の信託の受益権の買入れ・売払い	都道府県	7000万円以上
	指定都市	4000万円以上
	指定都市以外の市区	2000万円以上
	町村	700万円以上

◎**重要判例** 契約の代表者が同一人物である場合の契約の効力が争われた事件
（最判平成16年7月13日民集58・5・1368。自治百選66）

【事実・ポイント】

民法108条は双方代理（契約当事者の双方の代理人となること）を無権代理（権限がない代理行為）とし、原則として無効としています。

地方公共団体と「博覧会の開催運営等を行った法人」が契約を締結したものの、その相手方である法人の代表者もまた当該地方公共団体の長でした。よって、それぞれの代表者が同じ人物であったのですが、その契約締結行為が無権代理となり、契約が無効となるのか否かがポイントです。

【判決の概要】

地方公共団体の長が地方公共団体を代表して行う契約締結行為であっても、長が相手方を代表することにより地方公共団体の利益が害されるおそれがある場合があることから、本件契約締結行為を無権代理行為としました（民法108条）。

その上で、このような双方代理による無権代理行為であっても、議会が長による代理行為を追認したときには、議会の意思に沿って地方公共団体に法律効果が帰属するものと解するのが相当であるとし（民法116条）、本件契約を有効なものとしました。

契約の種類と方法

地方公共団体が行う売買、貸借、請負などの契約は、**一般競争入札・指名競争入札・随意契約・せり売り**の方法により締結する必要があります（234条1項）。

地方公共団体の契約は、原則として一般競争入札により締結され、指名競争入札・随意契約・せり売りは、施行令で定める場合に該当するときに限り行うことができます（同条2項）。

❖ **競争入札**

一般競争入札と指名競争入札を併せて競争入札といいます。競争入札は、予定価格の範囲内で最低の価格をもって申込みをした者を契約の相手方とするものです。なお、予定価格とは、その価格を上回る価格では契約を締結してはならない価格のことをいいます。

① **一般競争入札**

不特定多数の者が参加する競争入札であり、原則的な契約方法です。一般競争入札を行う場合は、入札に参加する者に必要な資格、入札の場所・日時など入札に必要な事項を公告する必要があります（施行令167条の6）。

なお、予定価格の範囲内の入札がない場合は、直ちに再度の入札を行うことができます（施行令167の8第4項）。

② **指名競争入札**

地方公共団体が指名した一定数の者が参加する競争入札です。この契約方法を取ることができる場合は次のとおりとなります（施行令167条）。

・工事や製造の請負、物件の売買などの契約でその性質や目的が一般競争入札に適しないものをするとき。
・その性質や目的により競争に加わるべき者の数が一般競争入札に付する必要がないと認められる程度に少数である契約をするとき。
・一般競争入札に付することが不利と認められるとき。

一方、図表18-3のように、予定価格の範囲内で最低の価格をもって申込みをした者を契約の相手方としない場合もあります。

図表18－3　価格のみで決定されない事例

1	不当な低価格による契約の防止	・最低の価格をもって申込みをした者の入札価格が低廉すぎて、粗悪な材料の使用や手抜き工事などにより、契約の内容に即した履行がなされないおそれがある場合 ・予定価格の範囲内で最低の価格をもって申込みをした者以外の者を契約の相手方とすることが可能
2	取引秩序の維持	・最低の価格をもって申込みをした者と契約を締結することが公正な取引の秩序を乱すおそれがある場合であって著しく不適当と認めるとき。
3	最低制限価格	・最低制限価格は、契約の内容に適合した履行を確保するために特に必要と認められる場合に設定される。 ・上記1が「入札後」の対応になるのに対し、最低制限価格は「入札前」の対応であり、客観的に一律な基準により対応が可能
4	総合評価競争入札	・予定価格の制限の範囲内で入札した者のうち、価格だけではなく、それ以外の条件が最も有利なものと契約する方法 ・「それ以外の条件」としては、信用力、技術力、知的財産権の有無、環境問題への対応などが挙げられる。

◎重要判例　特定の業者を指名競争入札に参加させなかったことの是非が争われた事件

（最判平成18年10月26日集民221・627。自治百選57）

【事実・ポイント】

　地方公共団体の発注する公共工事の指名競争入札に、長年指名を受けて継続的に参加していた建設業者を、主たる事務所がその地方公共団体の区域内にないことを理由に、ある年度以降全く指名せず入札に参加させなかった措置が違法であるか否かがポイントです。

【判決の概要】

　地方公共団体の締結する契約は、その経費が住民の税金で賄われること等にかんがみ、機会均等の理念に最も適合して公正であり、かつ、価格の有利性を確保し得るという観点から、一般競争入札の方法によるべきことを原則とし、それ以外の方法を例外的なものとして位置付けています。これは、地方公共団体が締結する公共工事等の契約に関する入札につき、機会均等、公正性、透明

性、経済性（価格の有利性）を確保することを図ろうとしているものとしました。

その上で、主たる営業所がその地方公共団体内にないなどの事情から形式的に地方公共団体外の業者にあたると判断し、そのことのみを理由として、一切の工事につき指名しない措置は、極めて不合理で社会通念上著しく妥当性を欠くものであって、裁量権の逸脱・濫用が認められました。

❖ 随意契約

競争の方法ではなく、地方公共団体が任意に特定の者を選択して契約する方法です。この契約方法を取ることができる場合は施行令167条の2第1項で規定されている場合に限定され、代表的なものは次のとおりとなります。

① 予定価格が、施行令で定める一定の範囲内において、規則で定める額を超えないものをするとき。
② 性質や目的が競争入札に適しないものをするとき。
③ 緊急の必要により競争入札に付すことができないとき。
④ 競争入札に付することが不利と認められるとき。
⑤ 競争入札に付し入札者がないとき、または再度の入札に付し落札者がないとき。
⑥ 落札者が契約を締結しないとき。

なお、上記①の「施行令で定める一定の範囲内」は施行令別表5に定められており（図表18-4）、この金額の範囲内として規則で定める金額以下であれば、随意契約により契約を締結することが可能です。

❖ せり売り

動産の売払いで、その契約の性質上、せり売りに適しているもののみに認められる方法です（施行令167条の3）。最も高い価格を口頭で表示した者が契約の相手方となります。

図表18－4　随意契約が可能である価格の上限

契約の種類	都道府県・指定都市	指定都市以外の市区町村
工事や製造の請負	250万円	130万円
財産の買入れ	160万円	80万円
物件の借入れ	80万円	40万円
財産の売払い	50万円	30万円
物件の貸付け	30万円	
上記以外	100万円	50万円

※2025年3月時点。国において上記基準額の見直しが検討されています。

契約の履行の確保

　地方公共団体の職員は、契約を締結した場合は、その適正な履行を確保するため、またはその受ける給付の完了の確認をするため必要な監督や検査を行う必要があります（234条の2第1項）。具体的には、監督は立会いや指示などの方法によって行われ（施行令167条の15第1項）、検査は契約書・仕様書・設計書などの関係書類に基づいて行います（同条2項）。

長期継続契約

　地方公共団体の予算執行は会計年度を単位として行われ、会計年度における歳出は当該年度の歳入をもって充てる必要があります（会計年度独立の原則）。したがって、契約の締結など支出負担行為は、会計年度内で完結するのが原則です。

　一方で、公務を執行するために必要な契約の中には、会計年度ごとではなく、長期にわたる契約を締結した方が事務執行上能率的であるものもあります。このようなものは、翌年度以降にわたって契約を締結することができます（234条の3）。

このような**長期継続契約**が可能な契約は次のとおりです。

> ・電気・ガス・水の供給や電気通信役務の提供を受ける契約
> ・不動産を借りる契約
> ・ＯＡ機器のリース契約など、その性質上翌年度以降にわたり契約を締結しなければ当該契約に係る事務の取扱いに支障を及ぼすようなもののうち、条例で定めるもの

長期継続契約は、将来にわたって契約を締結する点において債務負担行為（⇒Lesson 15）と類似しています。

しかし、長期継続契約は、あくまでも契約期間の特例に過ぎず、予算の特例ではありませんので、長期継続契約を締結したことのみをもって翌年度以降における予算が確保されるわけではありません。

よって翌年度以降の債務を負担する義務を負う契約を締結する場合は、債務負担行為を設定する必要があります。

Column
契約書は必要なのか

契約の際に契約書を作成することは、民法上、必ずしも必要ではありません。契約自体は口頭で成立します。しかし、後々になってトラブルとならないように、普通は契約書を作成します。

自治法では、地方公共団体が契約書を作成する場合は、長と契約の相手方の記名・押印が必要であるとされています（234条5項）。しかしこの規定は、あくまでも「契約書を作成する場合は」という仮定条件であり、「契約書の作成が必要である」と定めているわけではありません。

一方で、多くの地方公共団体では、契約書の作成について契約規則などで定めています。つまり、包括外部監査契約の締結など個別に規定がある場合を除き、地方公共団体が「契約書」を作成する一般的な義務は、国の法令レベルでは「ない」といえます。

Lesson 19 公金はどう管理するの？ 決算の手続は？

公金の管理とその方法

○地方公共団体における現金・有価証券の出納・保管は会計管理者の権限です。
○公金の徴収・収納や支出に関する事務は、原則として委託できませんが、指定公金事務取扱者制度により委託が認められています。
○決算は、会計管理者が調整した上で市長に提出し、監査委員の意見を付した上で議会の認定を受ける必要があります。

　地方公共団体が有する公金のうち「金庫」で保管されているものはどの程度でしょうか。当然、その金庫はいかなる地震や火災にも耐え、また、公金を強奪されるリスクがない安全なものである必要があります。しかし、公金の管理はそのプロである金融機関に任せたほうが安全で確実でしょう。しかも住民の利便性も増します。また、公金の徴収・収納や支出に関する委託は近年大幅に認められるようになりました。公金は非常に大事です。公金を適切に管理していくことは、地方公共団体の安定した運営のために不可欠です。

会計管理者による現金等の出納・保管

　地方公共団体における現金や有価証券の出納や保管は、長の監督のもと、会計管理者が行います（170条2項）。
　なお、現金とは、地方公共団体が事務事業を行う上で必要な経費に充てるために収納された金銭であって、支出されるまでの間、地方公共団体のもとに滞留している金銭をいいます（図表19-1、次ページ）。
　歳計現金は、最も確実かつ有利な方法によりこれを保管しなければならないとされ（235条の4）、具体的には、会計管理者は、歳計現金を指定金融機

図表19-1　現金の種類

歳計現金	歳入歳出予算に属する現金
歳入歳出外現金	歳入歳出予算に属する現金以外の現金であり、地方公共団体の所有に属さない現金。公営住宅の敷金、職員の給与に係る諸税の預かり金が代表例
歳計剰余金	会計年度内において支出されなかった剰余金
基金に属する現金	特定の目的のために積み立てた基金や資金運用のための基金に属する現金。基金の全部または一部が処分されて歳出に充てられるまでの間は蓄積される。

関など確実な金融機関への預金といった最も確実かつ有利な方法によって保管する必要があります（施行令168条の6）。

また、債権の担保として徴するもののほか、歳入歳出外現金や有価証券は、法律や政令の規定によるのでなければ、これらを保管することができません（235条の4第2項）。さらに、長の通知がなければ、歳入歳出外現金や有価証券の出納を行うことができません（施行令168条の7第2項）。

金融機関の指定

公金取扱の迅速化、公金取扱に関する事故の防止、公金取扱に要する経費の節減のため、都道府県は指定金融機関を指定する必要があり、市区町村は指定することができます（235条）。指定することができる金融機関は1つのみであり、指定金融機関を指定する場合は、議会の議決を経る必要があります（施行令168条1・2項）。

また、指定金融機関を指定している場合は、長は、あらかじめ指定金融機関の意見を聴いた上で、指定代理金融機関や収納代理金融機関を指定することができます。一方、指定金融機関を指定していない場合は、指定代理金融機関や収納代理金融機関を指定することはできませんが、収納事務取扱金融機関を指定することができます。

図表19-2　公金の管理を行う機関一覧

種　類	役　割
指定金融機関	・公金の収納や支払 ・指定代理金融機関や収納代理金融機関の総括
指定代理金融機関	・指定金融機関の取り扱う収納や支払の一部
収納代理金融機関	・指定金融機関の取り扱う収納の一部
収納事務取扱金融機関	・公金の収納の一部

　金融機関を指定している地方公共団体の支出は、職員の給与を除き、原則として、現金の交付に代え、その金融機関を支払人とする小切手を振り出し、または公金振替書をその金融機関に交付して行います（232条の6第1項）。

　また、指定金融機関・指定代理金融機関・収納代理金融機関・収納事務取扱金融機関は、納税通知書、納入通知書などに基づかなければ、公金の収納をすることができません（施行令168条の3第1項）。さらに、指定金融機関・指定代理金融機関は、会計管理者の振り出した小切手や会計管理者の通知に基づかなければ、公金の支払をすることができません（同条2項）。

公金事務の委託

　地方公共団体は、公金の取扱いの責任を明確にするとともに、公正の確保を期するため、原則として、公金の徴収・収納や支出の権限を私人に委任し、または私人をして行わせることはできません（243条）。

　一方、収入の確保や住民の便益の向上を目的とした**指定公金事務取扱者制度**が認められています。

　長は、公金の徴収・収納や支出に関する事務（これを「公金事務」といいます）を適切かつ確実に遂行することができる者として施行令で定めるもののうち長が指定するもの（**指定公金事務取扱者**）に、公金事務を委託することができます（243条の2）。

指定公金事務取扱者となる条件は、①公金事務を適切かつ確実に遂行することができる財産的基礎を有すること、②人的構成等に照らして、公金事務を適切かつ確実に遂行することができる知識・経験を有し、かつ、十分な社会的信用を有することです（施行令173条）。
　このような指定公金事務取扱者が行う公金事務は次のとおりです。

① 公金の徴収

　指定公金事務取扱者による徴収の対象となる歳入は、使用料・手数料（これらの延滞金を含む）、賃貸料・物品売払代金・寄附金・貸付金の元利償還金（これらの遅延損害金を含む）となります（施行令173条の2第1項）。

② 公金の収納

　指定公金事務取扱者による収納の対象となる歳入は、指定公金事務取扱者が収納することにより収入の確保や住民の便益の増進に寄与すると認められるものであるとともに、「地方譲与税・地方交付税・国庫支出金などの国やほかの普通地方公共団体から交付される歳入や、繰入金など地方公共団体のほかの会計から繰り入れる歳入や繰越金」以外のものとなります（243条の2の5第1項、自治規則12条の2の20）。

③ 公金の支出

　指定公金事務取扱者による支出の対象となるものは、主に次のとおりです（施行令173条の3第1項）。

・給与などの給付

・地方債の元利償還金、諸払戻金やこれに係る還付加算金

・報償金やこれに類する経費

・社会保険料

・官公署に対して支払う経費

・生活扶助費、生業扶助費やこれらに類する経費

・事業現場やこれに類する場所において支払を必要とする事務経費

・非常災害のため即時支払を必要とする経費

・電気・ガス・水の供給を受ける契約に基づき支払をする経費

・電気通信役務の提供を受ける契約に基づき支払をする経費

決算

決算は会計年度における歳入歳出予算の執行結果を示す計算表であり、会計管理者により調製され、監査委員の審査を経て、議会の認定を受けます。

① 会計管理者の調製

会計管理者は、出納整理期間の最終日である出納閉鎖日から3か月以内に、決算を調整して長に提出する必要があります（233条1項）。その際、歳入歳出決算事項別明細書、実質収支に関する調書、財産に関する調書を併せて長に提出する必要があります（施行令166条2項）。

長は、会計管理者から提出された決算とその資料を、監査委員の審査に付します。

② 監査委員の審査

監査委員は、長から提出された決算やその資料に、計算上の誤りはないか、収支は適法であるかなどの点について審査し、意見を付して長に提出します。

長は、監査委員の審査に付した決算について、監査委員の意見を付けて次の通常予算を議する会議までに議会の認定に付す必要があります（233条3項）。なお、その際に、決算に係る会計年度における主要な施策の成果を説明する書類などを提出するとともに（同条5項）、決算の要領を住民に公表する必要があります（同条6項）。

③ 議会の認定

議会は決算を審議しますが、仮に決算を認定しなくとも決算の効力に影響はなく、長の政治的責任が生じ得るにとどまります。なお、長は、決算の認定に関する議案が否決された場合に、その議決を踏まえて必要と認める措置を講じたときは、速やかに、その措置の内容を議会に報告するとともに公表する必要があります（233条7項）。

Lesson 20 財産ってなに？ どんな種類があるの？

財産の種類と管理

○地方公共団体は多くの財産を保有していますが、大きく公有財産・物品・債権・基金に区分されます。
○公有財産は、行政財産と普通財産に区分されます。
○基金は、特定の目的のために財産を維持し、資金を積み立て、または定額の資金を運用するために、条例に基づき設置するものです。

地方公務員が業務を行う庁舎は自治法上どう位置付けられるのでしょうか。あるいは公立動物園の動物はどうでしょうか。日々業務を行う上ではあまり意識しませんが、業務中に身の回りにあるもののうち個人所有物以外のもの、例えば、机や椅子などは地方公共団体の財産に該当します。それら財産は、住民の負担により得られたものであることから様々なルールがあり、それを知った上で業務や財産の管理を行うことは重要です。

財産の種類とその管理の原則

自治法において「財産」とは、公有財産・物品・債権・基金をいいます（237条1項）。

これら財産は、税など住民の負担により得られるものであり、その管理は、常に良好の状態に管理し、その所有の目的に応じて最も効率的に運用する必要があります。

また、自治法や条例に基づく場合や議会の議決による場合でなければ、財産を、①交換すること、②出資の目的とすること、③支払手段として使用すること、④適正な対価なくして譲渡すること・貸し付けること、ができません（同条2項）。これは、①〜④の行為が無制限に行われると公正・健全な財

政運営が期待できなくなるためです。

　なお、現金は、地方公共団体の所有に属するものですが、自治法237条1項に規定する財産からは除外されています。

> ◎重要判例　議会の議決に際し必要な審議が行われたか否かが争われた事件
> 　　　　　　　　（最判平成17年11月17日集民218・459）
>
> 【事実・ポイント】
> 　上記のとおり、自治法237条2項の規定により、適正な対価なくして財産を譲渡する場合は議決が必要ですが、その際の議決は、どのような審議がなされた上で行われる必要があるのかがポイントです。
>
> 【判決の概要】
> 　自治法237条2項等は、条例で定める場合を除くほか、財産を適正な対価なくして譲渡し、貸し付けることを議会の議決事項としています。これは、適正な対価によらずに財産の譲渡等を行うことを無制限に許すとすると、多大の損失が生ずるおそれがあるほか、特定の者の利益のために財政の運営がゆがめられるおそれもあるためであるとしました。
> 　そして、この趣旨にかんがみれば、議会の議決があったというためには、譲渡等が適正な対価によらないことを前提として審議がされた上で譲渡等を認める趣旨の議決がされたことを要するとされました。
> 　その上で、議会において譲渡等の対価の妥当性について審議がされた上で議決がされたというだけでは、それが適正な対価によらないものであることを前提として審議がされた上での議決とはいえないとしました。

公有財産

公有財産の種類

　地方公共団体の財産の1つである公有財産は次のとおり8種類となります（238条1項）。

> ① 土地や建物などの不動産
> ② 船舶、浮標、浮桟橋・浮ドック、航空機
> ③ 上記①・②の不動産や動産の従物
> ④ 地上権、地役権、鉱業権やこれらに準ずる権利
> ⑤ 特許権、著作権、商標権、実用新案権やこれらに準ずる権利
> ⑥ 株式・社債・地方債・国債やこれらに準ずる権利
> ⑦ 出資による権利
> ⑧ 財産の信託の受益権

　この公有財産は、公用・公共用に供しているか、供することと決定した財産である「**行政財産**」とそれ以外の「**普通財産**」に区分されます（238条3・4項）。

❖ 行政財産
　行政財産は、公用・公共用に供しているか、供することを決定している公有財産をいいます。「公用」とは地方公共団体の事業の用に供することをいい、例えば庁舎としての活用が挙げられます。一方、「公共用」とは住民の利用に供することをいい、例えば道路や公園としての活用が挙げられます。

❖ 普通財産
　普通財産は、公有財産のうち行政財産以外のものをいい、行政財産のように特定の行政目的に供されるものではなく、一般私人と同じ立場で管理し、所有する財産をいいます。

❖ 行政財産と普通財産の違い
　行政財産と普通財産は、その活用方法について大きな違いがあり、それをまとめると図表20−1のとおりとなります。

図表20-1　行政財産と普通財産の活用の可否

活　用	行政財産	普通財産
貸　付	原則禁止。余裕地など自治法238条の4第2・3項に該当する場合は可能	可　能
私権の設定		
交　換	禁　止	
売払い		
譲　与		
出資の目的		
信　託		土地について、地方公共団体を受益者として施行令で定める目的内で可能

　行政財産は、その本来の目的が特定されているため、制限が多いといえます。

　一方、行政財産は、その本来の用途や目的以外に使用させることにより効用を高める場合もあります。例えば庁舎や市民施設の一角に自動販売機や売店を設けることが挙げられます。

　このような場合は、行政財産の用途や目的を妨げない限度において使用を許可することができます（238条の4第7項）。そして、このような行政財産の目的外使用については、使用料を徴収することができます。

物品

　物品は、地方公共団体の所有に属する動産のうち現金等・公有財産・基金に属するもの以外のものであって、地方公共団体が使用のために保管する動産をいいます（239条1項）。例えば職員が使用している事務用品が挙げられます。また、公立動物園の動物も物品に区分されます。なお、都道府県警察が使用している国有財産や国有の物品は除かれます（施行令170条）。

また、物品は、大きく、備品（性質・形状を変化させることなく長期間連続して使用保存することができるものなど）と消耗品（使用することによって消費されるものや長期間の保存に耐えないものなど）に区分されます。

なお、物品の処分の公正を図るため、物品に関する事務に従事する職員は、その取扱いに係る物品を譲り受けることはできません（239条2項）。

債権

債権は、金銭の給付を目的とする地方公共団体の権利をいいます（240条1項）。地方税・分担金・使用料・手数料など法令に基づき発生した債権や、売払代金など契約に基づき発生した債権の双方が含まれます（⇒Lesson 21）。

基金

基金は特定の目的のために財産を維持し、資金を積み立て、または定額の資金を運用するために、条例に基づき設置されるものです（241条1項）。基金は大きく、①**積立基金**と、②**運用基金**の2つに区分されます。

① 積立基金

条例で定める目的のために財産を維持し、資金を積み立てるためのもので、特定財源の確保を目的とするものです。年度間の財源の不均衡を調整するための財政調整基金が挙げられます。

この基金は、元本を処分し使用することが可能ですが、逆に、その目的のためでなければ、処分することができません（241条3項）。

②運用基金

特定目的のために定額の資金を運用するためのものです。特定の事務や事業の運営のために、一定額の原資金を分離して運用するための基金であって、例えば、貸付基金の場合は、その元利償還金が再び基金に編入され、順次運用されていきます。

この基金を設けた場合には、長は、毎会計年度、その運用の状況を示す

書類を作成し、これを監査委員の審査に付し、その意見を付けて議会に提出する必要があります（241条5項）。

Column

庁舎管理・撮影・公務員の肖像権

　スマートフォンの普及によりいつでも容易に動画を撮影することができます。窓口対応中に動画を無断で撮影されたことがある公務員の方も、ひょっとしたらいるかもしれません。

　その窓口は庁舎内にあります。庁舎は公用の行政財産であり、地方公共団体はその管理権を有します。ほとんどの地方公共団体では「庁舎管理規則」を定めているのではないでしょうか。

　庁舎内での撮影行為は庁舎管理規則で禁止することが可能です。さらにいえば、仮に同規則でそのような規定がなかったとしても、撮影の中止を求めることは可能です。

　庁舎内にはほかの来庁者がいます。また、執務室内には様々な資料が置かれています。したがって無断で撮影されると個人情報の保護などの観点から問題であり、平穏に業務を遂行できなくなるおそれがあるためです。

　なお「公務員に肖像権はない」と思われがちですが、それは誤解であり、証拠保全の必要がある場合など、必要性があり、かつ、受忍限度を超えない限りにおいて、肖像権が制限されるに過ぎません。

　いわゆる「カスハラ」が大きな社会問題となっており、公務員がその標的とされることもあると思いますが、正しい知識をもって毅然と対応する必要があるといえます。

Lesson 21 債権の種類は？ どうやって管理するの？

債権の種類と管理方法

> ○地方公共団体の債権は「公債権」と「私債権」に区分され、公債権はさらに「強制徴収公債権」と「非強制徴収公債権」に区分されます。
> ○強制徴収公債権・非強制徴収公債権・私債権の管理について定める規定は数多くあり、間違えやすいです。
> ○地方公共団体の債権であっても、時効により自動的に消滅するものもあれば、そうでないものもあります。

　債権は地方公共団体の重要な財産であり、その管理を怠ると住民に不公平感を生みます。支払義務のある保険料について、一部において支払わないことが常態化し、徴収する側としてなにも策を講じなければ、制度自体の信用を失いかねません。一方、地方公共団体の債権は、その種類によって自治法の根拠規定も異なり、また自治法のほか民法なども関係するため、その管理には根拠条文の確認が必須となります。

地方公共団体が有する債権の種類

　地方公共団体が有している債権は、**公債権**と**私債権**に区分されます。
　公債権の定義は明確ではない部分もありますが、徴収の根拠が個別法によって定められており、その債権に係る行為が行政不服審査法に規定する処分に該当するものをいいます。
　公債権は、さらに、地方税の滞納処分の例により処分することができる「**強制徴収公債権**」と、それができない「**非強制徴収公債権**」に区分されます。強制徴収公債権の例としては介護保険料や後期高齢者医療保険料、保育料が挙げられ、非強制徴収公債権の例としては行政財産の使用料が挙げられます。

一方、私債権とは「公債権以外の債権」をいい、契約など私法上の原因に基づく債権をいいます。

図表21－1　債権の区分

債権の管理と手続

地方公共団体が有する債権の管理に関する手続は自治法や施行令に規定されており、主なものは次のとおりです。

① 納入の通知

納入の通知とは、納入義務者に対する通知です。地方公共団体は、その歳入として収入する場合は、調定を行う必要があります（⇒Lesson 16）。一方、この調定はあくまでも地方公共団体内部の意思決定に過ぎません。

よって、納入義務者に対し、納付すべき金銭の額や納付期限などを明らかにした納入通知書を送付する必要があります。

② 督促

納付期限までに納付されない場合は、長は、期限を示して督促する必要があります。なお、道路法に基づく道路占用料など、個別法により督促が定められている場合は、個別法が根拠となります。

③ 強制執行

強制徴収公債権は、地方税の滞納処分の例により処分することができ、いわば「自力回収」が可能です。具体的には、滞納者の財産を差し押さえ、それを換価して、滞納処分の対象となっている債権に充当することが可能です。

一方、非強制徴収公債権と私債権は「自力回収」ができません。これら

債権については、担保が付されている債権については担保の実行を行い、それ以外の債権は訴訟などにより債務名義を得て、強制執行の手続を行う必要があります。

④ 履行期限繰上げ

履行期限の繰上げとは、分割払いとしている債務につき債務者が支払を怠ったときや、債務者の財産が他者から差し押さえられたときに、履行期限まで待つことなく、速やかに債権の回収を行うことをいいます。

長は、債権について履行期限を繰り上げることができる理由が生じたときは、遅滞なく、債務者に対し、履行期限を繰り上げる旨の通知を行う必要があります。

一方、債務者が無資力、またはこれに近い状態にあるときや災害、盗難などの場合は、繰り上げる必要はありません。

⑤ 徴収の停止

非強制徴収公債権や私債権について、債務者の所在が不明であり、かつ、差し押さえることができる財産の価額が強制執行の費用を超えないと認められる場合などは、その事実が判明した以後その保全や取立てを行わないことができます。

⑥ 履行期限特約等

非強制徴収公債権や私債権について、債務者が無資力であるなど一定の要件に該当する場合は、履行期限を延長する特約や処分をすることができます。また、同時に、債権の金額を分割して履行期限を定めることができます。

⑦ 免除

非強制徴収公債権や私債権のうち、⑥の履行延期の特約や処分をした債権について免除することができます。ただし、当初の履行期限や最初に履行延期の特約・処分をした日から10年を経過していることが必要であるとともに、その時点において弁済の見込みがないと認められる必要があります。

なお、債権を放棄する場合と異なり、この免除を行う場合は、議会の議決は不要です。

このように、強制徴収公債権・非強制徴収公債権・私債権は、全て地方公共団体の債権ですが、その管理方法や手続自体は共通する点も多いものの、適用される条文が異なるものもあり、まとめると図表21-2のとおりとなります。

図表21-2　債権ごとの適用条文一覧

	強制徴収公債権	非強制徴収公債権	私債権
納入の通知	231条		
督促	231条の3第1項		施行令171条
手数料・延滞金	231条の3第2項		内容による
送達	231条の3第4項		民法
強制執行	地方税法等	施行令171条の2	
履行期限繰上げ	施行令171条の3		
債権の申出	施行令171条の4		
徴収の停止		施行令171条の5	
履行期限特約等	地方税法等	施行令171条の6	
免除		施行令171条の7	

◎重要判例　道路にはみ出していた多数の自動販売機に係る占用料をどこまで徴収すべきかが争われた事件

（最判平成16年4月23日民集58・4・892。自治百選110）

【事実・ポイント】

　道路占用許可を受けることなく道路にはみ出して自動販売機が設置される場合、道路管理者は占用料相当額の損害賠償請求権などの債権を取得しますが、その自動販売機の数が約3万6000台に及ぶ場合に、その請求権をどこまで行使すべきかがポイントです。

【判決の概要】

まず、地方公共団体が有する債権の管理について定める自治法や施行令の規定によれば、客観的に存在する債権を理由もなく放置したり免除したりすることは許されず、原則として、長にその行使・不行使についての裁量はないとしました。
　一方で、本件は、①はみ出し自動販売機全体について１台ごとに債務者を特定して債権額を算定することには多くの労力と多額の費用を要すること、②必ずしも高額とはいえない占用料を徴収することよりも、はみ出し自動販売機の撤去という抜本的解決を図ることを優先したこと、③商品製造業者が撤去費用の負担をすることによってはみ出し自動販売機の撤去という目的が達成されたこと、からすれば、占用料相当額の金員を取り立てなかった判断は違法でないとしました。

債権の消滅時効

　消滅時効とは、一定の期間、債権を行使しない場合にその債権が消滅することをいいます。
　公債権は、自治法以外の法律が適用される場合を除き、行使することができる時から５年間行使しないときは時効によって自動的に消滅します（236条１・２項）。なお、地方公共団体に対する公債権も同様です。
　一方、私債権は民法等の規定により消滅時効の期間が決定されます。例えば民法166条１項では、権利を行使することができることを知った時から５年間、権利を行使することができる時から10年間とされています。
　また、私債権は、公債権とは異なり、時効の期間が経過したとしても、債務者が「消滅時効が完成したので支払わない」旨の意思表示（これを「**時効の援用**」といいます）を行わなければ消滅しません。

消滅時効の完成の阻止

上記のように、地方公共団体の財産である債権には、一定の期間が経過すれば自動的に消滅するものもあります。よって、消滅時効の完成により債権が消滅しないように事務処理を行う必要があります。

① 納入の通知と督促

納入の通知と督促は、消滅時効を更新させる効果（時効をリセットさせる効果）を生じさせます（236条4項）。なお、督促が常に消滅時効を更新させる効果を生じさせるかというと、そうではなく、最初の督促のみその効果を有するとされています。二度目以降の督促は、④の「催告」としての効力を有するに過ぎません。

② 裁判上の請求等

訴えの提起など裁判上の請求や支払督促の申立てを行えば、その手続が終了するまでは時効の完成が猶予されます。

③ 強制執行等

強制執行の申立てなどを行えば、その事由が終了するまでは時効の完成が猶予されます。

④ 催告

催告を行えば、催告の日から6か月間は時効の完成が猶予されます。

なお、催告によって時効の完成が猶予されている期間中に再度催告を行ったとしても、猶予されている期間は変わりません。

◎重要判例　長年放置していた公有財産の所有権が長年占有していた者に移るか否かが争われた事件

（最判昭和51年12月24日民集30・11・1104。行政百選Ⅰ28）

【事実・ポイント】

公共用財産（土地）であっても、長年の間、公の目的に供用されることなく放置され、公共用財産としての形態・機能を全く喪失し、他人が平穏かつ公然に占有を継続していた場合に、民法に定める取得時効が成立し、その占有者に

所有権が帰属するか否かがポイントです。

【判決の概要】

　公共用財産の管理が上記のような状態であっても、実際上、公の目的が害されるようなこともなく、もはや公共用財産として維持すべき理由がなくなった場合は、公共用財産であっても、黙示的に公用が廃止されたものとして、取得時効の成立を妨げないとされました。

　これにより、争われていた土地の所有権は、占有していた者に帰属することになりました。

Column
給与支払債務と返還請求権のミスマッチ

　公務員も労働者であるため、労働の対価として給与を請求する権利を有します。この給与（退職手当を除く）の請求権は3年経過すると時効で消滅します（労働基準法115条・143条2項）。

　公務員の雇用主である地方公共団体の立場からすれば、給与を支払うべき債務は3年で消滅します。なお、時効の援用は不要であり、期間を経過すると自動的に消滅します。

　一方、例えば、何らかの事情により給与を過払いしてしまった場合、地方公共団体は返還請求権を有します。この請求権の時効は5年となります。

　職員の給与請求権の時効は3年、地方公共団体の返還請求権の時効は5年であり、2年の差があります。様々な要因により「給与を追加支給すべき事由」と「返還を求める事由」が同時に発生し、それが3年以上遡る場合、職員の給与請求権は時効で消滅する一方で、地方公共団体の返還請求権は消滅していない状態となることもあります。

　このように、両者の時効の差により給与担当者は対応に非常に困る状況に陥ることも想定されます。

Lesson 22 公務員は仕事をしていて賠償責任を負うの?

公務員の賠償責任とその一部免責

○公務員が仕事を行う中で、故意・重大な過失(現金は、故意・過失)により、物品等を亡失した場合は損害賠償しなくてはなりません。
○予算執行等の権限を持つ職員も同様です。
○監査委員が長の求めに応じて賠償責任の有無等を決定し、これに基づき、長が職員に請求します。

公務員として日々の業務を行う上で、地方公共団体に損害を与えてしまう可能性もあります。自治法は、職員が委縮することを防ぐために、職員に対する免責等の特例を定めています。

こうした規定も踏まえた上で、事務ミスを削減したり、損害賠償等のリスクを減らしていくことは組織運営において大変重要です。

職員の損害賠償責任

自治法は、①会計管理者や、②その事務を補助する職員といった**会計職員等**や、⑥支出負担行為の権限を有する職員などの**予算執行職員等**が地方公共団体に損害を与えたときの特例を定めており、民法の規定は適用されません(243条の2の8)。こうした損害賠償責任は図表22-1(次ページ)のように整理できます。なお、会計職員等や予算執行職員等以外の賠償責任には民法の規定が適用されます。

複数の職員の行為により損害を与えたときは、それぞれの職分に応じ、かつ、損害との因果関係の程度に応じて個別に賠償責任を有することになります(同条2項)。

図表22－1　会計職員等の賠償責任

対象者		行　為
会計職員等	① 会計管理者	故意・重大な過失（現金は故意・過失）により、次のものを亡失・損傷 ・保管に係る現金、有価証券、物品、占有動産 ・使用に係る物品
	② 会計管理者の事務を補助する職員	
	③ 資金前渡を受けた職員	
	④ 占有動産を保管している職員	
	⑤ 物品を使用している職員	
予算執行職員等	⑥ 支出負担行為の権限を有する職員	故意・重大な過失により法令の規定に違反して、当該行為をしたこと、怠ったことにより地方公共団体に損害を与えたとき。
	⑦ 支出の命令・支出負担行為の確認の権限を有する職員	
	⑧ 支出・支払の権限を有する職員	
	⑨ 契約の履行確保のための監督・検査の権限を有する職員	
	⑩ ⑥から⑨の権限に属する事務を直接補助する職員で地方公共団体の規則で指定したもの	

❖ 会計職員等の賠償責任とは

　会計職員等が現金、有価証券、物品などを亡失・損傷した時でも、故意・重大な過失がなければ（現金の亡失は故意・過失が要件）、損害賠償責任は問われません。⑤物品を使用している職員にはほとんどの職員が該当しますが、その際には故意・重過失が要件となっており、一般的な使用であれば職員個人の賠償責任が問われることはありません。

❖ 予算執行職員等の賠償責任とは

　予算執行職員等は、支出負担行為などの法令上の権限を有する職員と、それを補助する職員のうち規則で指定したものとなっています。

通常、法令上の権限を有する者は、都道府県知事・市区町村長や会計管理者となっています。ただし、委任を受けた場合、出先機関の所長などは、賠償命令の対象となります。また、直接補助する職員のうち規則で指定したものについては「賠償責任を有する職員の指定に関する規則」で専決権を有する職員などが指定されることが一般的です。

賠償命令の手続

　長は、会計職員等や予算執行職員等が地方公共団体に損害を与えたと認めるときは、監査委員に①賠償責任の有無、②賠償額の決定を求め、その決定に基づき、期限を定め、賠償を求めなければなりません（243条の2の8第3項）。この監査委員の決定は合議によります（同条9項）。

　長は、やむを得ない事情によると認めるときは、監査委員の意見をつけて議会に付議し、その同意を得て、賠償責任の全部・一部を免除できます（同条8項）。

　また、賠償命令に不服がある場合、会計職員等は、長に審査請求を行うことになります。この場合、長は議会に諮問し、議会は諮問を受けた日から20日以内に意見を述べなければなりません（同条11項・12項）。

長等の損害賠償責任の一部免責

　住民訴訟の**4号訴訟**の判決により（⇒Lesson 23）、多額の賠償責任が長等に課せられ、当該責任を議会で免除する事例が見られました。

　こうした状況について、国で議論がなされ、自治法の改正が行われました。

　この結果、職務を行うにつき善意でかつ重大な過失がないときは、政令で定める基準を参酌し、政令で定める額以上で、条例で定める額を控除して得た額について免除できるようになりました（243条の2の7）。例えば、長の場合、多くの条例で、基準給与年額の6倍を控除した額を免責すると定めています。

Lesson 23 署名を集めなければ監査は請求できないの?

住民監査請求と住民訴訟

○住民監査請求は、1人でも、法人でも、住民であれば行うことができます。対象は違法・不当な公金の支出などの財務会計上の行為です。
○住民監査請求の監査結果に不服がある場合などは、違法な財務会計上の行為に対して住民訴訟を提起することができます。

　住民監査請求・住民訴訟は、手続が比較的容易であり、多くの住民によって、財務会計上の行為を是正するための手続として活用されています。特に、財務会計上の行為は、地方公共団体の政策実施のさまざまな場面と関係するため、住民訴訟では、政教分離をはじめ、政策実施一般の適法性を問う判決も出ています。また、こうした制度は地方財政の適正化を目指すものであり、公務員として制度をきちんと理解する必要があります。

住民監査請求とは

住民監査請求の対象等

　住民監査請求は、次のような長、委員会・委員、職員の**違法・不当な財務会計上の行為**に対して住民が監査を請求するものです (242条1項)。

① 違法・不当な公金の支出
② 違法・不当な財産の取得・管理・処分
③ 違法・不当な契約の締結・履行
④ 違法・不当な債務などの義務の負担
⑤ 違法・不当に公金の賦課徴収を怠ること
⑥ 違法・不当に財産の管理を怠ること

こうした行為について、❶監査、❷当該行為を防止したり、是正すること、❸当該怠る事実を改めること、❹当該行為・怠る事実によって当該地方公共団体が被った損害を補填するために必要な措置を請求します（同項）。

❖ 請求できる者

有権者の50分の1以上の署名が必要な事務監査請求と異なり（75条）、住民監査請求は地方公共団体の住民1人（法人含む）でも可能です（242条1項）。

図表23-1　住民監査請求の流れ

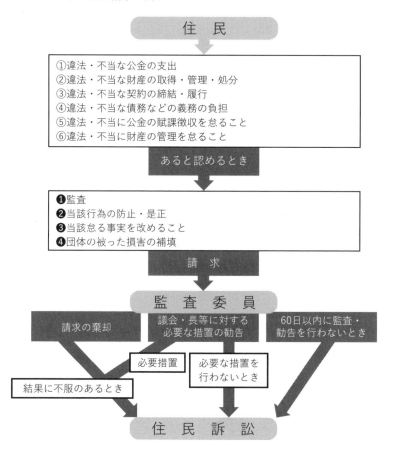

❖ 請求手続等

　住民監査請求は、財務会計上の行為があった日・終わった日から1年を経過したときはできません(242条2項)。ただし、請求がこの期間内にできなかったことに正当な理由があるときは認められます（同項ただし書）。

　住民監査請求について監査委員が監査を実施する際には、請求人に証拠の提出・陳述の機会を与えなければなりません（同条7項）。

　監査委員は、請求に理由があると認めるときは、議会、長などの執行機関・職員に期間を示して必要な措置を取るように勧告するとともに、請求人に通知し、公表します(同条5項)。この勧告の決定は監査委員の合議によります(同条11項)（理由がないと認めるときは請求人に通知し、公表）。この勧告等は60日以内に行わなければならず（同条6項）、経過後は住民訴訟を提起できます(242条の2第2項)。なお、違法であると思料するに足りる相当な理由があり、回復困難な損害を避けるため緊急の必要があり、かつ、行為の停止により公共の福祉を著しく阻害するおそれがないと認めるときは、停止の勧告を行うこともできます（242条4項）。

　勧告があった場合、相手方は必要な措置を講じ、その内容を監査委員に通知し、監査委員は請求人に通知し、公表しなくてはなりません（同条9項）。この「必要な措置」は勧告内容に拘束されるものではなく、違法・不当な行為を是正する内容でよいとされます。

　また、住民監査請求に係る監査も条例で定めれば外部監査人によることができます（252条の43）。

◎重要判例　監査請求を行うことができる期間を経過した後に行った監査請求が認められるかが争われた事件

（最判平成14年9月12日民集56・7・1481。自治百選96）

【事実・ポイント】

　同和対策事業費の支出に関する監査請求を1年の監査請求期間経過後に行いました。請求期間経過の正当な理由としてどのようなものが認められるかがポイントです。

【判決の概要】

正当な理由の有無は、住民が相当の注意力をもって調査すれば、客観的にみて当該行為の存在・内容を知ることができたと解される時から相当な期間内に監査請求をしたかどうかによって判断すべきであるとしました。

住民訴訟制度

住民であればだれでも、1人でも行うことができる住民監査請求については、**財務会計上の行為**に限定されますが、さらに住民訴訟を提起することができます（242条の2第1項）。

その訴額（原告の受ける経済的利益）は160万円とみなされ、訴訟に要する手数料は1万3000円で済み、訴訟提起のハードルは低くなっています（⇒148ページの重要判例）。

この住民訴訟には、4つの類型があり、このうち、**4号訴訟**として職員に対して損害賠償等の請求を求めるものについては、損害賠償の免責等をはじめ、多くの論点が含まれます（⇒147、148ページの重要判例）。

❖ 住民訴訟の提起の手続

住民訴訟は、**違法な行為**について訴訟を提起できますが、不当な行為は対象となっていません（242条の2第1項）。

住民訴訟は、住民監査請求が前置となっており、住民監査請求を行っていない場合は提起できません。当該住民監査請求に関して次の場合に住民訴訟を提起することができます（同条2項）。

---

① 監査委員の監査の結果・勧告に不服がある場合：
　監査の結果・勧告の内容の通知があった日から30日以内
② 監査委員の勧告を受けた議会・執行機関・職員の措置に不服がある場合：
　監査委員の通知があった日から30日以内

③ 監査委員が請求をした日から60日を経過しても監査・勧告を行わない場合：60日を経過した日から30日以内

④ 監査委員の勧告を受けた議会・執行機関・職員が措置を講じない場合：勧告に示された期間を経過した日から30日以内

❖ 住民訴訟の対象

この住民訴訟の対象は、住民監査請求と同様に、財務会計上の行為であり、次の4つの類型が示されています（242条の2第1項）。

・行為の差止め
・行政処分の取消し・無効確認
・怠る事実の違法確認
・職員などに対する損害賠償等の請求を求めること。

このうち、職員などに対する損害賠償等の請求を求めるもの（4号訴訟）については、2つの段階からなります。第1段階としては住民が執行機関・職員を訴えるものです。住民勝訴の場合、第2段階に移ります。まず、執行機関としての長が損害賠償等の請求を行います。損害賠償金等が支払われない場合、長に対しては代表監査委員、それ以外の職員等に対しては長が訴えを提起することになります（242条の3）。

図表23-2　4号訴訟の構造

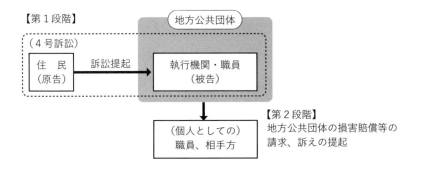

住民訴訟債権の議会による放棄

　4号訴訟については、損害賠償額が1億円を超えるなど、非常に多額になる場合も少なくない状況でした。こうした中で、議会が当該請求権を放棄する議決を行う事例が多くみられました。

　最高裁判所でも、こうした事案について争われ、議会の裁量権の範囲の逸脱・濫用にあたると認められるときには、議会の議決を経て債権を放棄することは無効であるとしました。

◎重要判例　法に基づかない支出の違法性と長の過失の有無、そして違法支出に係る返還請求の是非が争われた事件
（最判平成24年4月20日民集66・6・2583。自治百選111）

【事実・ポイント】
　神戸市は、職員を派遣・退職のうえ在籍させている外郭団体に対して、その職員の給与相当額を補助金・委託料として支出していました。こうした状況が違法であるとして、住民監査請求を経て、住民訴訟が提起されました。①支出をした市長の責任、②不当利得返還請求権を放棄する議会の対応の是非がポイントです。

【判決の概要】
　この判決では、①について、当該支出は「公益的法人等への一般職の地方公務員の派遣等に関する法律」所定の手続によらないで行われた点において違法であるが、支出当時において市長に過失があったとはいえないとされました。②について、放棄することが自治法の趣旨等に照らして不合理であって議会の裁量権の範囲の逸脱・濫用にあたると認められるときは、その議決は違法となり、当該放棄は無効となるものと解するのが相当としました。その上で、本事例では、本件不当利得返還請求権の放棄を内容とする議会の議決がその裁量権の範囲の逸脱・濫用にあたるとはいえず、不当利得返還請求権の放棄を内容とする議決により、当該請求権は消滅したとされました。

住民監査請求と住民訴訟の違い

住民監査請求と住民訴訟の違いは次のとおりです。

図表23－3　住民監査請求と住民訴訟

	住民監査請求	住民訴訟
対象	違法・不当な財務会計上の行為・怠る事実	違法な財務会計の行為・怠る事実
提起できる人	住民	住民監査請求をした住民
期間（原則）	対象となる財務会計上の行為のあった日・終わった日から1年を経過するまで	監査の結果・勧告の内容の通知があった日から30日以内など

◎重要判例　住民訴訟の損害賠償請求訴訟における訴額について争われた件
　　　　　（最判昭和53年3月30日民集32・2・485。自治百選97）

【事実・ポイント】

　知事在職中に行った約8億5000万円の支出が違法・不当に当たるとし、住民監査請求を経て、自治法242条の2第1項4号に基づく損害賠償請求が提起されました。

　住民訴訟の性格を踏まえた場合に、訴額は損害賠償請求額となるのかがポイントです。

【判決の概要】

　住民訴訟の権利は、住民全体の利益を保障するために法律で特別に認められた参政権の一種であり、その訴訟の原告は、専ら原告を含む住民全体の利益のために、いわば公益の代表者として地方財務行政の適正化を主張するものであるとしました。そして、その利益は、住民全体の受けるべきものであり、勝訴判決によって地方公共団体が直接受ける利益すなわち請求に係る賠償額と同一ではなく、他にその価額を算定する客観的、合理的基準を見出すことも極めて困難であるから、訴額は35万円（当時）とすることが相当としました。

Lesson 24 公の施設ってなに？

公の施設と指定管理者制度

> ○公の施設は、住民の福祉の増進のために地方公共団体が設置する施設のことです。
> ○この施設の利用にあたっては許可という行政処分を受けることが一般的です。ただし、正当な理由がない限り、地方公共団体は、住民の利用を拒んではなりません。
> ○公の施設には、指定管理者制度の導入が可能であり、その管理・運営を指定管理者に委ねることができます。

　地方公共団体は、学校などの教育施設、公民館、図書館などの公の施設を有し、広く住民の利用に供しています。

　また、地方公共団体の業務を民間に委ねていく流れの中で、指定管理者制度が導入され、従来地方公務員が担っていた公の施設の管理・運営を特定非営利活動法人、株式会社等が担うようになってきています。しかし、民営化と異なり、設置主体は地方公共団体であり、その責任は残ることから、組織としてリスク管理等を適切に行う必要があります。

公の施設とは

　公の施設は、住民の福祉を増進する目的で、住民の利用に供する施設をいいます（244条1項）。

　公の施設の設置・管理に関する事項は、法律・これに基づく政令に定めるもののほか、条例で定める必要があります（244条の2第1項）。

　具体的に、条例では、設置に関する事項として名称や位置など、管理に関する事項として①利用の許可・取消、②使用料の額・徴収方法、③使用料の

減免などを定めなければなりません。

また、指定管理者制度を導入する際は、条例に定めるとともに（同条3・4項）、利用料金制（152ページ）をとる場合は、その定めを置く必要があります（同条8・9項）。

❖ 条例で定める重要な公の施設

条例で定める重要な公の施設について、条例で定める長期・独占的な利用をさせる場合には議会の議決を要し（96条1項11号）、また特に重要なものを廃止したり、長期・独占的な利用をさせる場合は出席議員の3分の2以上の者の同意が必要です（244条の2第2項）。

❖ 公の施設の使用関係

地方公共団体は、正当な理由がない限り、公の施設の利用を拒んではならず（244条2項）、不当な差別的取扱いをしてはなりません（同条3項）。ただし、当該地方公共団体の住民以外から住民より高い使用料を徴収することや、経済状況等に応じて合理的な差を設けることは許容されます。

また、公の施設の利用には許可という行政処分が必要です。このため、処分に対して審査請求が認められるほか、不許可処分に対して訴訟を提起することもできます。審査請求に対する裁決については議会への諮問が必要となります（244条の4）。

◎**重要判例** 公の施設の利用を拒否できるか否かが争われた事件
　　　　　（最判平成8年3月15日民集50・3・549。上尾市福祉会館事件・自治百選61）

【事実・ポイント】
　労働組合が、何者かに殺害された幹部の合同葬のため、市立福祉会館の使用を申請しました。これに対して、使用を不許可とした市長の処分の理由が不許可事由に該当するかがポイントです。

【判決の概要】

集会の用に供する会館が公の施設として設置されている場合、管理者が正当な理由なくその利用を拒否することは、憲法の保障する集会の自由の不当な制限につながるおそれがあるから、住民は設置目的に反しない限りその利用が原則的に認められるとしました。その上で、条例が会館の使用不許可事由として定める「会館の管理上支障があると認められるとき」は、会館の管理上支障が生ずるとの事態が、許可権者の主観により予測されるだけでなく、客観的な事実に照らして具体的に明らかに予測される場合に初めて、会館の使用を許可しないことができることを定めたものと解すべきであるとして、不許可を違法としました。

❖ 公の施設の区域外設置等

公の施設は、当該地方公共団体の区域内にのみ設置されるものではありません。例えば、水道事業の給排水管については、他の地方公共団体の区域に敷設されることがあります。

自治法は、住民の福祉の増進を図るため、公の施設を区域外に設置する場合の手続を定めており（244条の3第1項・3項）、関係する地方公共団体と協議を行うこと、関係する地方公共団体の議会の議決を経ることが必要となります。

また、区域外に設置した公の施設は他の地方公共団体の住民が利用することもできますが（同条2項）、この場合にも協議や議会の議決が必要です（同条3項）。

指定管理者制度

❖ 指定管理者制度とは

指定管理者制度は、公の施設の管理主体を民間事業者、特定非営利活動法人等に広く開放するもので、その目的は①民間事業者の活力を活用した住民サービスの向上、②施設管理における費用対効果の向上、③管理主体の選定手続の透明化などにあります。特に、指定管理者制度では、指定管理者が当

該施設で実施する事業を提案し、実際に実施したり、地方公共団体が定めた範囲で指定管理者が自ら利用料金を定め、徴収するなど、民間の創意工夫を促すことができる仕組みとなっています。

地方公共団体は、公の施設の設置の目的を効果的に達成するため必要があると認めるときは、条例の定めるところにより、法人などの団体であって指定するものにその管理を行わせることができます（244条の2第3項）。具体的には、株式会社に加え、特定非営利活動法人、地域の団体など、多様な主体が選定されています。

❖ 指定管理者の指定など

指定管理者に関する条例には、指定の手続、管理の基準、業務の範囲など必要な事項を定めることになります（244条の2第4項）。

指定管理者の指定は期間を定め、議会の議決を経て行うものであり（同条5項・6項）、指定管理者は毎年度事業報告書を作成し、提出する必要があります（同条7項）。

また、当該指定管理者による管理を継続することが適当でないと認めるとき、地方公共団体は、指定を取り消すことができます（同条11項）。

❖ 利用料金制の導入

指定管理者制度では、公の施設の利用に係わる料金を直接指定管理者の収入として収受させる**利用料金制**を導入することができます(244条の2第8項)。

この利用料金は、条例に基づき、指定管理者が定め、地方公共団体の承認を得なければなりません（同条9項）。

Lesson 25 国と地方の関係はどうなっているの？

国の地方公共団体に対する関与

○地方公共団体が、国や都道府県の関与を受けるには法律・政令の根拠が必要です（法定主義の原則）。
○自治法には関与の一般的なルールが定められ、その関与は必要最小限としなくてはなりません（一般主義の原則）。
○自治法には、技術的な助言・勧告、資料の提出の要求といった関与の類型が定められています。

地方公共団体は、選挙で選ばれた長と、選挙で選ばれた議員からなる議会による二元代表制を採用しており、国とは別の団体です。ただし、全国的に統一して定めることが望ましい地方自治に関する準則の事務、全国的な規模・全国的な視点に立って行わなければならない施策の実施などは国の役割となっています。このため、同一の事務について、国が企画をして、地方公共団体が実施を担っている場合もあります。

こうした中でも、地方公共団体が住民の意思を反映して事務を行うために、なし崩し的に国の関与を認めるのではなく、ルールに基づく関係を構築していく必要があります。

関与のルール

2000年の地方分権改革以前の機関委任事務制度の下では、国による包括的な指揮監督権が認められていました。地方分権一括法の施行により、これを廃止し、国と地方公共団体の対等・協力な関係を確立するため、関与の一般原則に基づき、新たな事務区分（自治事務・法定受託事務）ごとの関与の基本類型が定められました。

関与の一般原則としては、図表25－1のとおり、**法定主義の原則**、**一般法主義の原則**、**公正・透明の原則**が定められています。

図表25－1　国の関与の一般原則

法定主義の原則	・関与は、法律・政令の根拠を要する。
一般法主義の原則	・自治法に関与の一般的なルールを定める。 ・関与は、その目的を達成するために必要最小限度のものとし、地方公共団体の自主性・自立性に配慮する。
公正・透明の原則	・関与に関する手続について、書面の交付、許可・認可等の審査基準や標準処理期間の設定、公表等を定める。

また、こうした関与を行う際の手続についても、図表25－2のとおりルールが定められています。

図表25－2　国の関与の手続のルール

書面主義の原則	・国の行政機関は、地方公共団体に対し、是正の要求、指示などの行為をするときは、同時に内容・理由を記載した書面を交付しなければならない。
手続の公正・透明性の確保	・許認可等の基準の設定・公表、不利益取扱いの禁止
事務処理の迅速性の確保	・許認可等の標準処理期間の設定等

関与の基本類型とその内容

こうした一般原則を踏まえ、図表25－3のとおり、自治事務・法定受託事務ごとに関与の基本類型が定められています（245条）。法定受託事務については、本来国や都道府県が行うべき事務をそれぞれ地方公共団体、市区町村が行うものであることから、適正を確保するために、代執行等の手続が定められています。

図表25−3　国の関与の基本類型

	自治事務に係る関与の基本類型	法定受託事務に係る関与の基本類型
① 技術的な助言・勧告(245条の4)	○	○
② 資料の提出の要求(245条の4)	○	○
③ 協議	○※	○※
④ 是正の要求(245条の5)	○	▲
⑤ 同意		○※
⑥ 許可・認可・承認		○※
⑦ 指示(245条の7)		○
⑧ 代執行(245条の8)		○

※ 個別の法律に根拠が必要
▲ 第二号法定受託事務は対象

❖ 技術的な助言・勧告（①）

技術的な助言は、客観的に妥当性のある行為・措置を実施するように促したり、それを実施するために必要な事項を示したりすることです（245条の4第1項）。**勧告**は、助言よりも強い権限で、勧告を受けた場合にはそれを尊重しなければならない義務を負いますが、法律上の従うべき義務はありません。

各大臣・都道府県の執行機関は、担任する事務に関して、地方公共団体に適切と認める技術的な助言・勧告を行うことができます（同条1項）。また、各大臣は都道府県の執行機関に市区町村への技術的な助言・勧告に関し、必要な指示を行うことができるほか（同条2項）、地方公共団体の執行機関は、大臣や都道府県の執行機関に対し、技術的な助言・勧告を求めることができます（同条3項）。

❖ 資料の提出の要求（②）

　各大臣・都道府県の執行機関は、技術的な助言・勧告等のために、必要な**資料の提出**を求めることができます（245条の4第1項）。また、各大臣は、都道府県の執行機関に、必要な指示ができるほか（同条2項）、地方公共団体の執行機関も各大臣や都道府県の執行機関に対し、必要な情報の提供を求めることができます（同条3項）。

　資料の提出の要求は、尊重義務が発生するにとどまり、それに応じないことをもって違法となるようなものではありません。

❖ 協議（③）

　協議は、相談し、その結果一定の結論を導くことです。協議の申出があったときは、誠実に協議を行うとともに、相当の期間内に当該協議が調うよう努めなければなりません（250条）。

❖ 是正の要求（④）

　是正の要求は、違法な事務処理の是正等を求めるものです。都道府県の自治事務については大臣が直接、市区町村の自治事務・第二号法定受託事務については、大臣の指示を受け、知事等が必要な措置を求めます（245条の5第1項・2項）。緊急を要するときなどは大臣が直接市区町村に要求できます。一方、知事自らの判断では基本的にできません。

　要求を受けた地方公共団体は具体的な措置を講じなければなりませんが（同条5項）、その具体的な内容は当該団体の裁量によります。

　なお、都道府県の事務処理の特例に関する条例に基づき移譲された自治事務は大臣の指示がなくても知事自ら是正の要求ができます（252条の17の4）。

❖ 同意（⑤）

　同意は、双方の意思が合致することです。ただし、結局相手方が賛意を示さないと次の行為に進めないという点で、実務上は、許可・認可・承認に類似しています。

国等は、同意を判断するために必要とされる基準を定め、かつ、行政上特別の支障があるときを除き、これを公表しなければなりません（250条の2）。また、申請を受理したときは、遅滞なく審査を開始しなくてはならず、当該事務処理に要する**標準処理期間**を定めなくてはなりません（250条の3）。

❖ 許可・認可・承認（⑥）

許可は一般的に法律で禁止されている行為を特定の条件の下で例外的に認めること、**認可**は法律で有効とされる行為について行政機関の確認によって最終的に効力を持つこと、**承認**は一定の行為や事実を認めることをいいます。

国等は、許可・認可・承認といった行為をするか判断するために必要とされる基準を定め、かつ、行政上特別の支障があるときを除き、これを公表しなければなりません（250条の2）。また、申請を受理したときは、遅滞なく審査を開始しなくてはならず、当該事務処理に要する標準処理期間を定めなくてはなりません（250条の3）。

❖ 指示（⑦）

指示は、地方公共団体が法令に違反する行為を行っているなどの問題を改善するために、国が具体的な措置を命じるもので、強制力があります。**是正の指示**は法令違反等の場合に限定されており、法定受託事務のみ認められています（245条の7）。

❖ 代執行（⑧）

代執行は、都道府県知事（市区町村長）の法定受託事務の管理・執行が法令の規定や大臣（都道府県知事）の処分に違反するものがある場合、管理・執行を怠るものがある場合で、改善勧告に従わず、裁判所の命令にも従わないときに、大臣（都道府県知事）が、知事等に代わって行うものです（245条の8）。

具体的には、代執行以外でその是正を図ることが困難で、放置することにより著しく公益を害することが明らかであるときに、次の手順で行われます。

図表25-4　代執行の手順

①勧告 → ②指示 → ③高等裁判所への命令請求 → ④高等裁判所からの命令 → ⑤代執行

　都道府県知事等は、1週間以内に、高等裁判所の判決に対して上告し、最高裁判所で争うことができます（同条9項）。ただし、上告しても、高等裁判所の命令を停止する効果はありません（同条10項）。

地方自治法の定める関与

　図表25-3（155ページ）に示した8つの関与類型のうち、※印のない助言・勧告、資料の提出要求、是正の要求、是正の指示、代執行について自治法に基づき関与を行うことができます。一方、※印の協議、同意、許可・認可・承認については、個別の法律に根拠が必要です。
　このほか、自治法は、是正の勧告について定めています。図表25-5に、是正の勧告とともに、是正の要求、是正の指示についてまとめています。

❖ 是正の勧告

　是正の勧告は、市区町村の自治事務に係る違法な事務処理の是正等のため、都道府県知事等が自らの判断で行う関与です（245条の6）。大臣は行うことができません。
　また、市区町村に尊重義務が生じるにすぎず、具体的措置内容は地方公共団体の裁量によります。紛争処理手続の対象となりません。

図表25-5 是正の要求等の概要

	是正の要求	是正の勧告	是正の指示
権限の主体（国）	・各大臣	×	・各大臣
権限の主体（都道府県）	・都道府県知事 ・都道府県教育委員会 ・都道府県選挙管理委員会 ※各大臣からの指示があった場合に限る（事務処理特例の例外あり）	・都道府県知事 ・都道府県教育委員会 ・都道府県選挙管理委員会 ※都道府県自らの判断に限る	・都道府県知事 ・都道府県教育委員会 ・都道府県選挙管理委員会 ※各大臣からの指示があった場合 ※都道府県自らの判断で可
対象事務	・自治事務 ・第二号法定受託事務	・自治事務	・法定受託事務
求めを受けた者の事務	・違反の是正・改善のため必要な措置を講ずべき法的義務 ・具体的措置内容は地方公共団体の裁量	・法的義務はなく、勧告を尊重すべき義務を負うに過ぎない ・具体的措置内容は地方公共団体の裁量	・違反の是正・改善のため必要な措置を講ずべき法的義務 ・具体的措置内容についても指示可能で地方公共団体を拘束

処理基準

処理基準は、法定受託事務の処理にあたり、よるべき基準をいい、各大臣は都道府県の法定受託事務について、都道府県の執行機関は市区町村の法定受託事務について処理基準を定めることができます（245条の9第1項）。また、市区町村の第一号法定受託事務について、各大臣は特に必要があると認めるときは処理基準を定めることができるほか、都道府県の執行機関に対し基準に関して必要な指示ができます（同条3・4項）。

各大臣・都道府県の執行機関が定める処理基準は、一般的に定めるものであり、個別具体的な事務の処理に関して行われる自治法上の関与の類型には含まれません。このため、係争（紛争）処理の対象とはなりません。
　法定受託事務に係る処理基準はあくまでもよるべき基準なので、関与や必置規制などを定めることはできず、必要最小限のものである必要があります。

Column
地方自治法改正による補充的指示権の創設

　新型コロナウイルス感染症対応においては、国と地方公共団体の役割分担等が問われることもありました。その対応は、新型インフルエンザ等対策特別措置法に基づいて行われ、同法は、国民生活・国民経済に甚大な影響を及ぼすおそれがあるにもかかわらず、所要の措置が実施されず、国民の生命・健康の保護等のための措置を的確・迅速に実施することが特に必要であると認めるときに、国は必要な指示ができると規定しています。同様の規定は、災害対策基本法といった個別法にあり、こうした法の規定で対応してきました。

　また、自治法の是正の指示は違法等の場合に限られていました。

　こうした中で、国の審議会の答申では、「地方公共団体の事務処理が違法等でなくても、地方公共団体において国民の生命、身体又は財産の保護のために必要な措置が的確かつ迅速に実施されることを確保するために、国が地方公共団体に対し、自治法の規定を直接の根拠として、必要な指示を行うことができるようにすべきである」とされました。

　この答申を踏まえ、補充的な指示権を定めた自治法の改正案が国会に提出されました。地方公共団体から反対の意見等が出されたこともあり、国会への事後報告を義務付けた修正がなされ、成立しました。この結果、被害の程度において大規模な災害、感染症のまん延に類するような、国民の安全に重大な影響を及ぼす事態においては、自治法に基づき指示が行えるようになりました。

Lesson 26 国と地方の争いはどうやって解決するの？

国地方係争処理委員会

○国地方係争処理委員会は地方公共団体に対する国の関与の審査を行うもので、その委員は国会の同意を得て総務大臣が任命します。
○国地方係争処理委員会の裁定等に不服がある場合などは、高等裁判所に訴えを提起することができます。

　地方が国の対応に納得がいかない場合でも、泣き寝入りせざるを得ないようでは、国と地方の対等な関係は構築できません。こうした場合の対応として、自治法は、第三者機関として審査を行う国地方係争処理委員会の設置、さらには高等裁判所への訴え等を定めています。

国地方係争処理委員会

国地方係争処理委員会の役割と組織

　国地方係争処理委員会は、地方公共団体に対する国の関与に関する審査の申出について審査、勧告等を行います（250条の7、250条の14）。

　この委員会は、非常勤の5人で組織し、2人以内は常勤にできます（250条の8）。その選任は、優れた識見を有する者のうちから、両議院の同意を得て、総務大臣が任命し、任期は3年で、委員長は委員の互選により選任されます（250条の9等）。

　委員の罷免事由が定められており、これらを除き罷免されることはありません（同条9～11項）。

国地方係争処理委員会の審査手続

　図表26-1（次ページ）のとおり、地方公共団体の執行機関は、①国の関

与に不服等がある場合、②関与から30日以内に委員会に審査の申出を行い（当該行政庁への通知も必要です）、③国地方係争処理委員会は90日以内に勧告等の措置を行います。④勧告に不服があるとき等は訴訟の提起が可能です。なお、国が是正の要求等を行ったものの、地方公共団体が、②の審査の申出等を行わず、当該要求等に応じた措置等を講じない場合、国は訴えを提起できます（不作為の違法確認訴訟）。

図表26－1　国地方係争処理委員会の審査手続

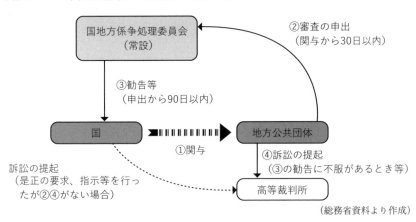

（総務省資料より作成）

対象は、次のとおりです（250条の13）。

・是正の要求、許可の拒否などの処分をはじめ、公権力の行使にあたるものに不服があるとき。
・国の不作為に不服があるとき。
・法令に基づく協議の申出が国の行政庁に対して行われた場合において、協議に係る当該地方公共団体の義務を果たしたと認めるにもかかわらず当該協議が調わないとき。

　法定受託事務の場合、違法性のみ審査できますが（250の14条2項）、自治事務の場合、違法性に加え、自主性・自立性の観点から不当でないかを審査できます（同条1項）。

訴訟手続

図表26-1の④のとおり、国地方係争処理委員会の勧告等に不服がある場合などは、高等裁判所に訴えを提起できる仕組みが規定されています（251条の5）。

具体的には、国地方係争処理委員会の審査の結果・勧告に不服があるとき、その勧告を受けた国の行政庁の措置に不服があるとき、審査申出から90日を経過しても、審査・勧告を行わないとき、国の行政庁が措置を講じないときが対象となっています。

◎重要判例　ふるさと納税制度の対象から除外した行為の是非が争われた事件
（最判令和2年6月30日民集74・4・800。自治百選119）

【事実・ポイント】

ふるさと納税制度では、返礼品競争が激しくなり、総務省は技術的助言を出して、地場産品に限ること、寄附額に対する返礼品の額の割合を3割以下とすることなどを求めてきました。しかしながら、一部の団体は従いませんでした。

このため、地方税法が改正され、基準に合致しない団体は同制度の対象として指定しないこととなりました。総務大臣は、この委任を受けた指定基準で、法改正前の寄附金募集についても定めました。大阪府泉佐野市は、法改正前に、返礼品として金券を贈るなど、制度趣旨に合致しない対応を行っており、総務大臣は同市を指定しませんでした。この基準が法の委任の範囲内かがポイントです。

なお、国地方係争処理委員会は、法の委任の範囲を超えるおそれがあり、再検討を勧告したにもかかわらず、総務大臣は不指定の判断を維持しました。本事件は、この総務大臣の不指定維持の判断に対し、泉佐野市が訴えを提起したものです。

【判決の概要】

当該基準が地方公共団体に対する国の関与の基準を定めるものであって、関

与の法定主義にかんがみても、その策定には法律上の根拠を要するから、法の委任の範囲を逸脱する場合には違法・無効であるとして、当該基準を違法・無効としました。その上で、泉佐野市の不指定の決定を取り消しています。

◆　◇　◆

なお、補足意見では、総務大臣からの再三の技術的な助言に他の団体がおおむね従っている中で、泉佐野市が、殊更に返礼品を強調する態様の寄附金の募集を行い、集中的に多額の寄附金を受領していたことから、判決には居心地の悪さを覚えるとの指摘もありました。

判決を踏まえ、総務大臣は、泉佐野市をふるさと納税の団体として指定しました。

column
沖縄県の辺野古の埋立て承認の代執行

Lesson25で扱った代執行の是非につき、このLessonで扱った国地方係争処理委員会を巻き込んで争われた事例が沖縄県の辺野古の埋立てをめぐる争いです。辺野古に米軍基地を移転する上では、公有水面を埋立てる必要があり、その際には都道府県知事の承認（第一号法定受託事務）が求められます。

この流れは複雑なものであり、地盤改良工事を追加して行うための承認について、最終的に国土交通大臣による代執行が行われた最近の事例を取り上げたのが右の図表です。①沖縄防衛局長が変更承認申請を県に行い、これを②沖縄県知事が不承認としたことから、③沖縄防衛局長は国土交通大臣に対して審査請求を行い、④大臣は不承認を取り消す裁決を行いました。⑤沖縄県知事がその裁決に従わなかったため、⑥大臣は是正の指示を行いました。沖縄県知事は、この裁決、指示について⑦国地方係争処理委員会、⑧最高裁判所等で争いました。⑨両者ともに、県の主張を認めず、最終的に、⑩国土交通大臣の勧告、指示を経て、代執行の訴えを沖縄高等裁判所に行い、⑪それが認められ、⑫国土交通大臣が沖縄県知事に代わり変更承認を行いました。

26 国と地方の争いはどうやって解決するの？

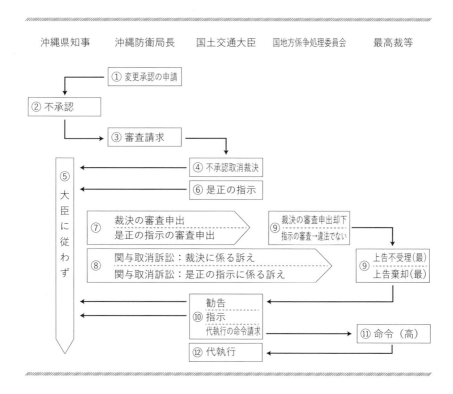

Lesson 27 都道府県と市区町村の関係はどうなっているの？

都道府県の関与、条例による事務処理特例

> ○自治紛争処理委員は、市区町村に対する都道府県の関与の審査などを行うもので、事案ごとに、総務大臣、または都道府県知事が任命します。
> ○条例による事務処理特例は、地域の状況に応じて、都道府県の事務を市区町村に委ねることができるものです。

　国と地方の関係と、広域自治体である都道府県と基礎自治体である市区町村の関係は同様となっています。実際、都道府県と市区町村は対等・協力の関係にある一方、広域的な団体である都道府県の条例に市区町村の条例は反することができません。こうした都道府県と市区町村の関係について自治法は国・地方とは異なる制度も定めています。

自治紛争処理委員とは

❖ 自治紛争処理委員の役割

　自治紛争処理委員は、市区町村に対する都道府県の関与の審査、地方公共団体相互・機関相互の紛争の調停等を行います（251条1項）。
　この自治紛争処理委員は、事件ごとに総務大臣（都道府県が当事者となるもの）・都道府県知事が、優れた識見を有する者から非常勤として3人を任命します（同条2項）。委員は勧告を行ったときなどは失職するほか（同条4項）、罷免は国地方係争処理委員会と同様な事由に加え、当該事件に利害を有するときなども該当します（同条5・6項）。

❖ 自治紛争処理委員の審査の手続

　図表27−1のとおり、①都道府県から関与があり、②その関与に不服がある場合、市区町村は当該行為から30日以内に総務大臣に審査の申出を行います。③これを踏まえ、総務大臣が委員を任命し、審査に付し、④委員は90日以内に勧告等の措置を行います（251条の3）。⑤不服がある場合、地方公共団体は高等裁判所に訴訟を提起できます（251条の6）。不作為の違法確認訴訟も認められます。なお、地方公共団体相互の紛争の調停等も担っており、都道府県が当事者のものは総務大臣、そうでないものは都道府県知事が申請等に基づき委員を任命します。

図表27−1　自治紛争処理委員の審査手続（都道府県が当事者の場合）

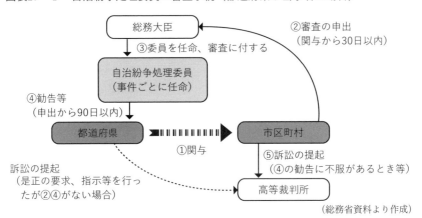

（総務省資料より作成）

❖ 国地方係争処理委員会と自治紛争処理委員の違い

　この自治紛争処理委員は、国地方係争処理委員会に類似しています。この違いは図表27−2（次ページ）のとおりで、国地方係争処理委員会は常設である一方、自治紛争処理委員は事案ごとに任命されるといった点で異なります。

図表27-2　国地方係争処理委員会と自治紛争処理委員

	国地方係争処理委員会 （250条の7～250条の20）	自治紛争処理委員 （251条～251条の4）
対　象	・地方公共団体に対する国の関与 ・国の関与に係る不作為 ・国と地方公共団体の法令に基づく協議	・市区町村に対する都道府県の関与 ・地方公共団体・その機関相互の紛争の調停 ・審査請求　など
申出等	地方公共団体の執行機関が国地方係争処理委員会に当該行為のあった日から30日以内に文書で申し出て、国の行政庁にも通知	審査申出：市区町村の執行機関が総務大臣に文書で申出 調停：当事者の申請・職権で委員を任命し実施
勧告等	90日以内に勧告等の措置。関与が違法・不当である場合勧告・通知 職権による調停案の提示・受諾の勧告も可能	
委　員	常設(5名)、任期3年	事件ごとに任命(3名)、独任。調停案等は合議
任　命	両議院の同意を得て、総務大臣が任命	総務大臣（都道府県が当事者の場合）・都道府県知事が任命
対　応	勧告があったときは、勧告に即して必要な措置を講ずる義務があり、審査の結果に不服があるとき等は高等裁判所に訴訟提起が可能	

条例による事務処理の特例とは

概要

　条例による事務処理の特例は、都道府県の条例により、都道府県知事の事務の一部を市区町村が処理するものです。地方教育行政の組織及び運営に関する法律でも同様の規定があり、都道府県教育委員会の事務も市区町村教育委員会が処理できます。

　この事務移譲の対象は自治法では明確に定められていませんが、当該事務を規定する法令の趣旨に反する場合は認められません。

❖ 効果、移譲の手続等

　事務処理特例に基づき市区町村が処理する事務は、長が管理・執行することになり（252条の17の2第1項）、都道府県に関する法令の規定が市区町村に適用され、国の関与は、知事を経由して行われます（252条の17の3）。また、知事自ら是正の要求ができます（252条の17の4）。

　事務処理特例によって事務を移譲する場合、知事は、あらかじめ、市区町村長に協議しなければなりませんが（252条の17の2第2項）、必ずしも同意は要件でありません。さらに、市区町村長は議会の議決を経た上で知事に事務の移譲を要請できます（同条3項）。

　事務処理特例により、都道府県の事務を市区町村が処理することになるため、都道府県から必要な財源措置が講じられます（地方財政法28条第1項）。

> ◎重要判例　条例に基づき権限を県から移譲された市が、県とは異なる基準を定めていたことの是非が争われた事件
>
> 　（さいたま地判平成21年12月16日判自343・33。自治百選36）。
>
> 【事実・ポイント】
>
> 　埼玉県では、墓地、埋葬等に関する法律に基づく経営許可権限等を事務処理特例に基づき、越谷市に移譲していました。本事案では、不許可とされた被告が当該移譲などは違法であるとし、不許可処分の取消しを訴えました。事務処理特例により、同法の事務を移譲できるか、市区町村が都道府県と異なる基準を設けることができるかがポイントです。
>
> 【判決の概要】
>
> 　同法10条に基づく墓地等の経営の許可・不許可の権限について、地域の風俗習慣、宗教的感情、地理的条件等に即した許可・不許可処分を行うことができるよう、地域に密接な市区町村に移譲することは適法としました。また、事務処理特例に基づく許可基準についても、市区町村はそれぞれの地域の実情に応じた許可基準を定めることができると解すべきとしました。その上で、都道府県の定める同法施行条例基準と市区町村の条例等の許可基準が異なることを理由に、違法ということはできないとしました。

Lesson 28 地方は事務の共同処理にどう対応しているの？

事務の広域化・効率化

○事務の広域化・効率化のための手法として、事務の共同処理があります。
○法人設置を伴わない簡便な方法として連携協約、協議会、機関等の共同設置、事務の委託・事務の代替執行があります。
○別法人を設置するものとして一部事務組合や広域連合があります。

　地方公共団体には最少の経費で最大の効果を生み出すような効率的な取組が求められています。効率性の確保には、事務に応じて一定の人口規模を確保する必要があります。しかしながら、平成の大合併を経て、これ以上の市町村合併を行うのは容易ではありません。
　こうした状況の中で、消防など、事務の内容に応じて、共同処理の活用による広域化の取組が進められています。

法人設置を要しない手法

❖ 連携協約

　連携協約は、地方公共団体が連携して事務を処理する上での基本的な方針・役割分担を定めるものです（252条の2第1項）。協約を締結した団体は、協約に基づき、必要な措置を執るようにしなければならず（同条6項）、別途、それぞれの事務について共同処理制度の規定に基づく規約を定めることになります。
　連携協約は議会の議決を経て締結し、告示するとともに、都道府県が締結したものは総務大臣、それ以外は知事に届け出なければなりません（同条2・3項）。

現在、指定都市や中核市で、昼夜間人口比率がおおむね100以上のものを中枢都市として、都市間連携を進める**連携中枢都市圏**に取り組まれています。この取組では、連携協約を活用し、サービス提供などが行われています。

図表28-1　連携協約

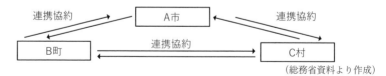

（総務省資料より作成）

❖ 協議会

協議会は、地方公共団体の協議により定められる規約で設置される組織です。法人格を有さず、協議会固有の財産・職員を持ちません。また、①管理執行協議会、②連絡調整協議会、③計画作成協議会の3種類があります（252条の2の2第1項）。

協議会は議会の議決を経て設置し、告示するとともに、都道府県の加入するものは総務大臣、それ以外は知事に届け出なければなりません（252条の2の2第2・3項）。なお、②連絡調整協議会は議会の議決は不要です（同条3項ただし書）。

宝くじの発行事務、消防通信指令業務等で活用されています。

図表28-2　協議会

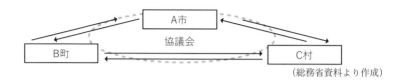

（総務省資料より作成）

❖ 機関等の共同設置

機関等の共同設置は、委員会・委員、附属機関等を共同で設置するものです。その機関等は、各地方公共団体の共通の機関等としての性格を有し、機関等による管理・執行の効果は、関係団体の機関等が自ら行ったことと同様に、それぞれの団体に帰属します（252条の7第1項）。

機関等の共同設置は議会の議決を経て行い告示するとともに、都道府県が設置するものは総務大臣、それ以外は知事に届け出なければなりません（252条の7第3項）。

公平委員会に関する事務、介護認定審査に関する事務などで活用されています。

図表28－3　機関等の共同設置

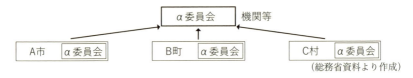

（総務省資料より作成）

❖ 事務の委託

事務の委託は、多くの地方公共団体で取り組まれている手法で、協議により規約を定め、地方公共団体の事務の一部の管理・執行を、他の団体の長などに委ねる制度です（252条の14第1項）。委託には、議会の議決を経た上で、それを告示するとともに、都道府県が行うものは総務大臣、それ以外は知事に届け出る必要があります（同条3項）。

事務を受託した団体が当該事務を処理することにより、委託した団体が、自ら当該事務を管理執行した場合と同様の効果を生じ、法令上の責任は、受託した地方公共団体に帰属します。委託した団体は、委託の範囲内において、委託した事務を管理執行する権限を失います。

公平委員会に関する事務、行政不服審査法上の附属機関に関する事務などで活用されています。

図表28－4　事務の委託

（総務省資料より作成）

❖ 事務の代替執行

事務の代替執行は、協議により規約を定め、他の地方公共団体に行わせる制度という点では事務の委託と一緒です。ただし、当該事務についての法令上の責任は事務を任せた地方公共団体に帰属したままで、当該事務を管理執行する権限の移動も伴いません（252条の16の2第1項）。代替執行には、議会の議決、告示、大臣等への届出が必要です（同条3項）。

事務の代替執行は、まだあまり事例がありません。

図表28－5　事務の代替執行

（総務省資料より作成）

図表28－6　共同処理制度の概要

共同処理制度	制度の概要
連携協約 （252条の2）	連携して事務を処理するにあたっての基本的な方針・役割分担を定めるための制度
協議会 （252条の2の2 〜252条の6の2）	共同して管理執行、連絡調整、計画作成を行う制度。その管理・執行は関係団体の執行機関が行ったものとしての効力有
機関等の共同設置 （252条の7 〜252条の13）	委員会・委員、行政機関、長の内部組織等を複数の地方公共団体が共同で設置する制度
事務の委託 （252条の14 〜252条の16）	事務の一部の管理・執行を他の地方公共団体に委ねる制度
事務の代替執行 （252条の16の2 〜252条の16の4）	事務の一部の管理・執行を当該地方公共団体の名において他の地方公共団体に行わせる制度

法人を設置して行う共同処理

　事務を共同処理する地方公共団体の組合として、一部事務組合と広域連合があり（284条1項）、それぞれ法人格を有し、特別地方公共団体に区分されます（1条の3第3項）。その設置は、組織する団体が協議により規約を定め、都道府県が加入するものは総務大臣、それ以外は知事の許可を得て行います（284条2・3項）（広域連合は広域計画の策定等が必要）。公益上必要がある場合、知事は、市区町村に対し、組合の設置を勧告できます（285条の2第1項）。

　こうした組合が事務を処理し、地方公共団体の執行機関の権限に属する事務がなくなったとき、その執行機関は消滅します（284条2・3項）。

❖ 一部事務組合とは

　一部事務組合は、複数の地方公共団体による事務の一部の共同処理のために設置され、広域的・効率的な事務の実施等に数多く活用されています。

　一部事務組合の運営は、名称、構成団体、共同処理する事務等を定めた規約に基づき行われます。議会について、議員の選挙は規約で定めることができ（287条1項）、要件を満たした場合、構成団体の議会をもって組織することも可能です（287条の2第1項）。また、市区町村のみで組織される一部事務組合（複合的一部事務組合）の場合は、共同処理する事務が共通である必要はなく（285条）、この複合的一部事務組合の場合、管理者は理事会をもって代えることもできます（287条の3第2項）。

　議員や一部事務組合の管理者は構成団体の議員や職員が兼職できます（287条2項）。また、組合を脱退するためには、2年前までに議会の議決を経て、構成団体に書面で予告する必要があります（286条の2第1・2項）。

　一部事務組合は、ごみ処理、し尿処理、火葬場、消防、救急などで活用されています。

図表28−6　一部事務組合

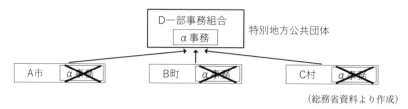

（総務省資料より作成）

❖ 広域連合とは

　広域連合は、広域的ニーズへの柔軟・効率的な対応や、国等からの権限移譲の受け皿として導入されています。都道府県と市区町村の事務の複合的処理ができること、設置後に議会の議決を経て広域計画を作成する必要があることなどが一部事務組合と異なります（284条3項）。

　広域連合の組織、運営等は規約で定められ（291条の4第1項）、長に代えて理事会を置くことができます（291条の13）。

　長は、選挙人の投票・構成する団体の長の投票により選ばれ、議員は、選挙人の投票・構成する団体の議会での投票で選挙されます（291条の5）。実際には、長の選挙、構成団体の議会の選挙によっています。さらに、直接請求の制度が準用され、条例の制定・改廃請求等を行うことができ（291条の6）、広域連合は、より民主的な制度となっています。

　また、広域連合は、国の事務や、都道府県の事務を処理できるほか、議会・理事会の議決を経て事務の移譲を要請できます（291条の2）。

　後期高齢者医療制度については都道府県ごとに設置することが法定化されていますが、それ以外に介護保険、障害者福祉などで活用されています。

図表28−7　広域連合

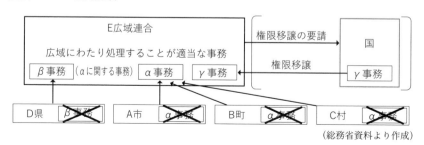

（総務省資料より作成）

Lesson 29 大都市制度にはどのようなものがあるの？

指定都市、中核市、都区制度のしくみ

○指定都市や中核市には、事務配分や財政上の特例、さらには都道府県知事に代えて大臣の許可等を要する関与の特例があります。さらに、指定都市の場合、行政区を設けるといった行政組織上の特例があります。
○都区制度では、通常市町村が行う事務を都が担ったり、固定資産税等の市町村税を都が賦課徴収し、都区財政調整制度を通じて特別区に配分したりといった特例が設けられています。

東京都区部には企業の本社機能が集積しています。また、指定都市の居住人口は日本の全人口の約2割を占めています。このように業務機能が集積していたり、人口が集中している地域では、通常とは異なる行政需要が発生します。こうした地域を対象に設けられたのが大都市制度です。

二層の地方自治制度において、広域自治体、基礎自治体のいずれかの事務配分を多くすることによって、さまざまな大都市の行政需要に対して、一体的に行政を行うことが可能となっています。

指定都市とは

指定都市制度は、大都市制度の1つであり、指定都市には、児童相談所の設置や病院の開設許可など、通常であれば都道府県が有している事務が移譲されています。

❖ 指定都市の要件、特例など

自治法は、指定都市の要件を政令で定める人口50万以上の市と規定してい

ます (252条の19)。しかし、実際には人口で形式的に判断するのではなく、人口などの都市の規模に加え、行政能力等において既存の指定都市と同等の人口100万以上の都市、人口100万を超える見込みの都市が指定されてきました。平成の大合併の際にこうした人口要件が70万に緩和され、現在では、20都市を数えるまでになっています。

指定都市への移行により、自治法・個別法の**事務配分の特例**とともに、都道府県知事でなく、大臣の関与を要する**関与の特例**、行政区の設置などの**行政組織上の特例**、住民税の所得割の税率、宝くじの発売などの**財政上の特例**が認められます。

図表29－1に指定都市の概要を中核市と比較してまとめています。

図表29－1　指定都市、中核市の比較

	指定都市	中核市
要　件	人口50万以上(実際は70万)	人口20万以上
事務配分の特例 (指定都市は中核市に追加されるもの)	・福祉に関する事務(児童相談所の設置など) ・都市計画等に関する事務(区域区分に関する都市計画決定など) ・教育に関する事務(県費負担教職員の任免、給与負担)	・福祉に関する事務(保育所・特養の設置認可など) ・都市計画等に関する事務(屋外広告物の条例による設置制限など) ・保健衛生に関する事務(保健所設置市が行う事務) ・環境保全に関する事務(一般・産業廃棄物処理施設の許可など)
関与の特例	・知事の関与ではなく、直接各大臣の関与を要する	・福祉に関する事務に限って大臣の関与を要する
行政組織上の特例	・区の設置 ・区選挙管理委員会の設置 など	なし
財政上の特例	・地方揮発油譲与税の増額 ・地方住民税所得割の税率 ・地方交付税の算定上所要の措置(基準財政需要額の算定における補正) ・宝くじの発売　等	・地方交付税の算定上所要の措置(基準財政需要額の算定における補正)

❖ 移行の手続

指定都市への移行手続は、自治法では定められていませんが、都道府県議会の議決等を経て、総務大臣に要望するといった手続が取られています。

❖ 行政区・総合区とは

行政区は、市長の権限に属する事務を分掌させるため、条例で、その区域を分けて設けられるものです（252条の20）。区の事務所などが置かれます。

行政区の区長は職員であり、区議会は置かれず、その事務は住民に身近なサービスの提供が中心となっています。指定都市により異なりますが、戸籍・住民基本台帳の事務とともに、福祉事務所、保健所が置かれ、また、道路・公園の維持管理などが行われています。

一方、さまざまな権限が指定都市に移譲され、全体の事務権限が強化される中、都市内分権の必要性から設けられているのが**総合区**です。総合区には、議会の同意を得て市長が選任する特別職の総合区長が置かれ、区域のまちづくりに関する事務の執行については、当該指定都市を代表するなど、権限強化が図られています（252条の20の2）。また、区の事務分掌は条例で定める必要があります（252条の20第2項）。

行政区、総合区、特別区の概要は図表29－2のとおりです。

❖ 指定都市都道府県調整会議

指定都市都道府県調整会議は、二重行政の問題を解消し、事務処理を調整するための協議の場として設置されました。そのメンバーは知事や市長などとされ、指定都市・都道府県は、二重行政を防止するために必要と認めるときは、調整会議における協議を求めることができ、この場合、応じなければならない義務が課せられています（252条の21の2）。

この会議において知事と市長が協議を行うことで、事務移譲等が実現した事例も見られますが、利用は低調といえます。

図表29−2　行政区、総合区、特別区の比較

	行政区	総合区	特別区
性　　格	指定都市に置かれる内部組織		都に置かれる基礎自治体(特別地方公共団体)
区長の位置付け	補助機関である職員を市長が任命（一般職）	議会の同意を得て市長が選任（特別職）	選挙で選ばれる特別職（市町村長と同様）
議　　会	設置しない		市町村議会と同様
事　　務	市長の権限に属する事務の一部（住民に身近なサービスなど）	左のほか、まちづくりに関する事務など	都が一体的に処理するものを除き、一般的に市が処理する事務
財源等	独自財源なし		固定資産税等は都が徴収 特別区財政調整交付金を交付

中核市とは

中核市は、指定都市に次ぐ、規模や能力が比較的大きな都市に、都道府県の事務権限の一部を移譲し、身近な行政を行えるようにした制度で、1994年の自治法改正により創設されました。この間、面積要件の撤廃、人口要件の緩和など、制度改正が行われ、現在に至っています。

❖ 中核市の要件、特例など

指定都市の要件は自治法で人口50万以上と定められながらも、規定と違う要件で運用がされているのと異なり、中核市の要件は法の規定どおり人口20万以上で運用されています。また、中核市に移行すると、事務配分の特例が適用されますが(252条の22)、行政組織の特例はなく、財政上の特例も交付税の算定上の補正と限られています。なお、地域保健法5条1項に基づき、保健所を設置する必要があります。

❖ 移行の手続

関係市が議会の議決を経るとともに、都道府県の議会で議決を経た同意を得た上で、総務大臣に申し出て、これに基づき政令で指定されます（252条の24）。

都区制度とは

都区制度は、東京都の特別区の区域で、人口が高度に集中する大都市地域における行政の一体性・統一性の確保の観点から、都が一体的に処理することが必要である事務を除き、一般的に市が処理する事務を特別区が処理するものです（281条、281条の2）。

❖ 都区制度の概要

都区制度には**事務配分の特例**があり、通常市が行う、消防、上下水道などの事務を都が担っています。

地方税制度にも特例が設けられており、通常市が徴収する市町村民税（法人分）と固定資産税などは調整税といわれ、都が徴収します。こうした特例もあり、都区間の財源の均衡を図るため、都区財政調整制度が設けられており、調整税の一定割合を**特別区財政調整交付金**として財政力等に応じて各特別区に配分しており、独自の財政調整制度をもっています（282条）。

また、都と特別区相互の間の連絡調整を行うため**都区協議会**が設けられています（282条の2）。

❖ 特別区とは

先に示した図表29－2（179ページ）のとおり、特別区には、公選の区長とともに、公選の議員からなる議会が置かれます。1998年の法改正により、2000年4月から基礎自治体として位置付けられるとともに（281条の2第2項）、都が行っていた清掃事務などが移管されました。

column
大都市地域における特別区の設置に関する法律

　二重行政の解消などを主な目的として、大阪府・大阪市などは都区制度を適用し、大阪都を目指す大阪都構想を推進していました。

　こうした構想を具現化するために、都区制度を導入するための手続を定めた法律が「大都市地域における特別区の設置に関する法律」で、2012年に公布されました。同法により、①200万以上の人口を擁する指定都市、②一の指定都市・当該指定都市に隣接する同一道府県の区域内の一以上の市町村で、総人口が200万以上のものについては、特別区の設置が可能となりました。

　具体的に、市町村と道府県が議会の議決を経て、特別区設置協議会を設置し、①特別区の設置日、②特別区の名称・区域、③特別区の設置に伴う財産処分、④特別区の議会の議員定数、⑤特別区と道府県の事務分担、⑥特別区と道府県の税源配分・財政調整、⑦職員の移管などについて定めた特別区設置協定書を作成します。この作成に当たっては、総務大臣との協議や報告が求められます。

　この協定書について、関係する市町村と道府県の議会の承認を経て、選挙人の投票（住民投票）により、それぞれ過半数の賛成を得た場合、市町村と道府県は総務大臣に共同申請し、総務大臣は市町村廃止・特別区設置の処分・告示を行うことになります。

　大阪府・市の場合、大阪市域を対象に2015年、2020年に住民投票が実施されましたが、否決されています。

Lesson 30 なぜ外部監査は必要なの？

包括外部監査・個別外部監査

> ○外部監査制度は、監査委員ではなく、地方公共団体に属さない弁護士等が監査を行うものです。
> ○外部監査には、包括外部監査と個別外部監査があり、包括外部監査は都道府県等に実施が義務付けられ、個別外部監査は条例で定めた場合、長等の要求に基づき実施されます。

地方公共団体の執行機関はそれぞれ独立しており、長とは別に事務を行っています。執行機関として置かれる地方公共団体の監査委員も他の執行機関からは独立して地方公共団体の事務のチェックなどを行っています。しかしながら、その事務局には当該地方公共団体の職員が配置されることから、「身内に甘い」といったことが指摘されていました。こうした中で、制度化されたのが外部監査制度です。

外部監査制度

❖ 外部監査制度の意義

外部監査制度は、従来の監査委員制度に加え、地方公共団体が外部の専門家と契約して監査を受ける制度です。外部の専門家の活用により、監査について独立性と専門性を強化するために設けられました。

この外部監査契約は「**包括外部監査契約**」と「**個別外部監査契約**」の2つに分けられます（252条の27）。

❖ 外部監査契約を締結できる者など

外部監査契約を締結できるのは、地方公共団体の財務管理、事業の経営管理等の行政運営に関し優れた識見を有する者です。具体的には①弁護士、②公認会計士、③国の行政機関において会計検査に関する行政事務に従事した者で、実務に精通しているものとなっています。また、外部監査契約を円滑に締結し、またはその適正な履行を確保する必要があると認めるときは④優れた識見を有する税理士とも契約できます。一方、欠格事由に該当した場合には契約を締結できません（252条の28）。

❖ 外部監査人の地位

外部監査人は、善良な管理者の注意をもって誠実に監査を行わなくてはなりません。また、守秘義務があり、違反の場合、2年以下の拘禁刑（2025年6月から）か100万円以下の罰金が科せられます。さらに、その事務は公務とみなされ、刑法の罰則などが適用されます（252条の31）。

外部監査人も監査委員と同様に除斥の規定があり、自己や父母、祖父母、配偶者、子、兄弟姉妹の一身上に関する事件や、これらの者の従事する業務に直接の利害関係のある事件については監査することができません（252条の29）。

また、外部監査人は、補助者を用いることができますが、その場合には監査委員と協議する必要があります（252条の32）。

そして外部監査人が資格を失った場合や、欠格事由に該当するにいたった場合には外部監査契約を解除しなければなりません（252条の35）。

包括外部監査とは

包括外部監査は、都道府県・指定都市・中核市に実施が義務付けられているほか、条例で定める市区町村が実施するものです（252条の36第1・2項）。

この契約の締結にあたっては、監査委員の意見を聴くとともに、議会の議決が必要です（同条1・2項）。また、包括外部監査契約は同一の外部監査人

と連続して4回、締結することができません（同条4項）。

　包括外部監査人が行う監査は、「財務に関する事務の執行」と「経営に係る事業の管理」で、特定の事件が対象となります。具体的には包括外部監査人が特定の事件を選択して監査を行います（252条の37第1項）。

　包括外部監査を実施する団体は、包括外部監査人が必要と認めるときに財政援助団体等（公の施設の管理を行わせているものを含む）について監査を行うことを条例により定めることができます（252条の37第4項）。実際、都道府県等の条例では、財政援助団体、出資団体、借入金元利保証団体、公有地信託の受託者、公の施設の指定管理者なども対象とされています。

　包括外部監査人は、契約期間内に監査を実施し、その結果報告を決定し、議会、長、監査委員、関係のある委員会・委員に提出しなければなりません（252条の37第5項）。包括外部監査人から報告の提出があったとき、監査委員は公表します（252条の38第3項）。報告を踏まえ、執行機関等が措置を講じたときは監査委員に通知し、監査委員はそれを公表します（同条6項）。

個別外部監査とは

　個別外部監査は、条例で住民、議会・長が監査委員に監査を請求・要求することができる場合に、監査委員の監査に代えて契約に基づく監査によることができる特例です（252条の39〜252条の44）。また、監査委員に代えて外部監査によることが相当であるか監査委員の意見を付して議会の議決を経るプロセスがあります（252条の39第3・4項など）。

　都道府県等の条例では、選挙権を有する者からの事務監査請求、議会からの監査の請求、長からの監査の要求、長からの財政援助団体等の監査の要求、住民監査請求などが対象とされています（252条の39〜252条の43）。

　個別外部監査と包括外部監査の違いは、図表30－1のようにまとめられます。

図表30－1　包括外部監査と個別外部監査

	包括外部監査	個別外部監査
対象団体等	・都道府県、指定都市、中核市は義務 ・条例で定める市区町村	条例で定め、議会・長・住民から要求がある場合に実施
契約期間	1年単位（更新は3年が限度）	個別に契約
監査の種類	・財務監査 ・財政援助団体等監査	・事務監査請求 ・議会からの監査の請求 ・長からの監査の要求 ・長からの財政援助団体等の監査の要求 ・住民監査請求

Column

会計検査院と地方公共団体

　会計検査院は、国の収入支出の決算、政府関係機関・独立行政法人等の会計、国が補助金等の財政援助を与えているものの会計などの検査を行う憲法上の独立した機関です。その検査は、正確性・合規性・経済性・効率性・有効性などの観点から実施されます。

　地方公共団体でも、国の府省から補助金の交付を受けて事業を行っている場合には、これが財政援助に該当し、会計検査院による会計検査が実施されます。

　国の補助金には、議会、監査委員など地方公共団体の機関とともに、府省や会計検査院などにより、さまざまな視点から当該事業についての審査・検査等が行われます。

＝巻末資料①・地方自治法等の改正経過＝

(特に法令名称を明示していないものは自治法)

　1947年に憲法とともに施行された自治法は多くの改正を遂げてきました。その改正は政治情勢も影響し、自治を拡充する時代と、抑制する時代に分けることができます。
　戦後改革によって、自治は大きく拡充されましたが、占領終了後、1952年の特別区長公選廃止など、抑制方向に舵が切られます。2000年の分権改革前後には自治の拡充がなされましたが、改革から20年余を経て、補充的指示権が創設されています。

公布(年)	改正内容
1946	・東京都制、府県制、市制、町村制改正 　住民の選挙権・被選挙権を拡充 　都道長官・府県知事・市町村長の公選 　議会の権限強化　など
1947	・憲法の施行：地方公共団体の自治権を保障 ・自治法制定：知事以下の都道府県職員の身分を官吏から地方公務員へ ・警察法制定：国家地方警察と自治体警察（市・5000人以上の町村）設置
1948	・地方財政法制定 ・教育委員会法制定：都道府県・市町村の教育委員会（公選）設置
1950	・直接請求手続整備
1952	・特別区長の公選制を廃止　など
1954	・警察法全部改正：自治体警察を廃止、都道府県警察に一元化
1956	・地方教育行政の組織及び運営に関する法律制定（教育委員会法廃止）：教育委員の公選廃止 ・指定都市制度創設、特別市制度の廃止　など
1974	・東京都特別区長公選制の復活　など
1991	・機関委任事務制度の見直し(職務執行命令訴訟制度等の廃止)　など
1993	・地方六団体の意見具申権 ・衆参両院：地方分権の推進に関する決議
1994	・中核市制度・広域連合制度の創設
1995	・地方分権推進法成立：地方分権推進委員会設置
1997	・外部監査制度の導入
1998	・特別区を「基礎的な地方公共団体」として位置付け ・都から特別区への事務の移譲（清掃事務等）　など

公布(年)	改正内容
1999	・機関委任事務制度の廃止と自治事務・法定受託事務の創設 ・地方公共団体に対する国・都道府県の関与のルール化 ・国・都道府県の関与についての係争処理制度の創設 ・条例による事務処理の特例の創設 ・議員定数制度の見直し ・特例市制度の創設　など
2002	・直接請求の要件緩和等 ・住民訴訟制度等の充実（訴訟類型の再構成（被告：長や職員個人→執行機関）等）　など
2003	・指定管理者制度の導入 ・都道府県の局部数の法定制度の廃止
2004	・都道府県の自主的合併手続等の整備 ・議会の定例会の招集回数の自由化　など
2006	・出納長・収入役の廃止 ・市区町村の助役を副市区町村長へ ・財務会計制度の見直し（クレジットカード納付等） ・議会制度の見直し（臨時会の招集請求権を議長へ付与、委員会の議案提出権の創設等）　など
2011	・議員定数の法定上限の撤廃　など
2012	・条例による通年会期の選択制度の導入 ・臨時会の招集権を議長へ付与 ・議会と長との関係の見直し（再議制度、専決処分制度等） ・直接請求の要件緩和（解散・解職に必要な署名数） ・国等による違法確認訴訟制度の創設　など
2014	・指定都市制度の見直し（総合区制度の創設等） ・特例市制度の廃止、中核市制度への統合 ・新たな広域連携制度の創設（連携協約、事務の代替執行）　など
2017	・内部統制に関する方針の策定等 ・決算不認定時の長から議会への報告規定の整備 ・地方公共団体の長等の損害賠償責任の見直し等
2023	・地方議会の役割及び議員の職務等の明確化等 ・公金事務の私人への委託に関する制度の見直し
2024	・補充的指示権の創設 ・指定地域共同活動団体制度の創設

（総務省資料より作成）

＝巻末資料②・自治体数の推移＝

　市町村については、明治維新後7万超であったものが、明治、昭和、平成と3回にわたる合併を経て、現在の1,700超となっています。
　明治の大合併では、小学校や戸籍の事務処理を行うため、300戸から500戸を標準として、全国一律に合併が実施されました。
　昭和の大合併では、中学校区1校を効率的に設置管理していくため、人口規模8,000人を標準として合併が進められました。
　このように学校運営という視点から合併が進められてきましたが、平成の大合併では地方分権の流れの中で、権限移譲等の受け皿を確保する必要性がいわれました。また、与党は市町村数を1,000程度にするといった方針を掲げました。こうした動向を踏まえ、自主的な合併が推進されました。
　自主的といいつつも、合併特例債の発行などの財政措置、市の人口要件の緩和等を用いながら、国は合併を誘導し、現在の数となっています。当時の財政措置によって多くの施設を建設した市町村の中には、施設運営費等が自治体運営に大きな影響を与えているものもみられます。
　一方、広域自治体である都道府県については、1888（明治21）年に現在の47道府県の境界、名称が確立しており、100年以上変わっていません。
　人口減少が進む中で、自治のかたちを再度考える時期に来ているのでしょうか。

年	市	町	村	合計
1888	—	(71,314)		71,314
1889	39	(15,820)		15,859
1945	205	1,797	8,518	10,520
1953	286	1,966	7,616	9,868
1956	495	1,870	2,303	4,668
1961	556	1,935	981	3,472
1965	560	2,005	827	3,392
1985	651	2,001	601	3,253
1999	671	1,990	568	3,229
2006	777	846	198	1,821
2010	786	757	184	1,727
2014	790	745	183	1,718
2019	792	743	183	1,718

（総務省資料より作成）

＝参考文献＝

○これから昇任試験を受けられる場合
『地方自治法よく出る問題123問＜第7次改訂版＞』(公職研、2024年)
『昇任試験必携地方自治法のポイント整理とチェック＜第2次改訂版＞』(公職研、2024年)
『昇任試験地方自治法精選問題集＜第4次改訂版＞』(公職研、2025年3月発売予定)

○地方自治法や地方自治全般についてさらに理解を深める場合
猪野積『地方自治法講義＜第6版＞』(第一法規、2024年)
宇賀克也『地方自治法概説＜第10版＞』(有斐閣、2023年)

○財務についてさらに理解を深める場合
橋本勇『自治体財務の実務と理論 改訂版－違法・不当といわれないために』(ぎょうせい、2019年)

○地方自治に関係する憲法や行政法について理解を深めたい場合
芦部信喜『憲法＜第八版＞』(岩波書店、2023年)
興津征雄『行政法Ⅰ 行政法総論』(新世社、2023年)

○地方自治法の特定の項目について深く調べたい場合
松本英昭『新版 逐条地方自治法＜第9次改訂版＞』(学陽書房、2017年)

○地方自治法に関係する判例をもっと知りたい場合
『地方自治判例百選＜第5版＞』(有斐閣、2023年)

著者紹介

伊藤卓巳（いとう・たくみ）

2001年川崎市役所入所。区役所保護課、人事委員会事務局調査課、総務局法制課、市民こども局市民文化室などを経て、2019年から教育委員会事務局庶務課
主著：『自治体の教育委員会職員になったら読む本』学陽書房、2022年

鈴木洋昌（すずき・ひろまさ）

1994年川崎市役所入所。地方分権、環境行政、総合計画、行政改革、大都市制度等の担当を経て、2024年から高崎経済大学地域政策学部准教授
主著：『総合計画を活用した行財政運営と財政規律』公人の友社、2019年
『広域行政と東京圏郊外の指定都市』公職研、2021年
『提案募集方式における地方分権改革の政策過程』公職研、2024年

公務員のためのイチから学べる地方自治法　Ⓒ伊藤卓巳、鈴木洋昌　2025年

2025年（令和7年）3月18日　初版第1刷発行

定価はカバーに表示してあります。

著　者　伊　藤　卓　巳
　　　　鈴　木　洋　昌
発行者　大　田　昭　一
発行所　**公　職　研**

〒101-0051
東京都千代田区神田神保町2丁目20番地
　　　　TEL　03-3230-3701（代表）
　　　　　　　03-3230-3703（編集）
　　　　FAX　03-3230-1170
　　　　振替東京　6-154568

ISBN978-4-87526-457-6 C3031　https://www.koshokuken.co.jp

落丁・乱丁は取り替え致します。PRINTED IN JAPAN

カバーデザイン：クリエイティブ・コンセプト
印刷：モリモト印刷

◆本書の一部または全部を無断で電子化、複製、転載等することは、一部例外を除き著作権法上禁止されています。

公職研図書紹介

塩浜克也・米津孝成 著
「なぜ?」からわかる地方自治のなるほど・たとえば・これ大事

地方自治制度に苦手意識がある人、勉強方法に悩む人には、親しみを持つきっかけに。公務員の昇任試験を勉強中の人には、息抜きをしながら"試験の知識"を越えて、法を奥深く理解するために好適な一冊。　　　　　定価◎本体1,950円+税

森　幸二 著
森幸二の自治体法務研修
　　法務とは、一人ひとりを大切にするしくみ

いくら本を読んでも法務のセンスが身につかない―。そんな悩みを持つあなたにおすすめ！　本書で「法的な考え方」をつかめば、法律・条例・規則・要綱のありよう、そして自治体職員のあるべき姿が見えてくる。　　　定価◎本体2,100円+税

『クイズ de 地方自治』制作班 編
クイズ de 地方自治
　　楽しむ×身につく！自治体職員の基礎知識

23の分野ごと厳選したクイズを掲載。担当外の職員でも知っておいてほしい基礎的な知識から、理論・実務を知悉した職員のみぞ知るカルト級の知識まで。楽しみながら、自然に身につく。　　　　　　　　　　　定価◎本体1,800円+税

特定非営利活動法人 Policy Garage 編
自治体職員のためのナッジ入門
　　どうすれば望ましい行動を後押しできるか？

ナッジの実践者が、自治体の政策にナッジを取り入れるにはどうしたらよいかを伝授。初学者向けの解説と多数の事例紹介から、活用方法のキモがわかる。実践に踏み出したい方におすすめ。　　　　　　　　　　定価◎本体1,900円+税

今村　寛 著
「対話」で変える公務員の仕事
　　自治体職員の「対話力」が未来を拓く

「対話」の魅力とは何か、どうして「対話」が自治体職員の仕事を変えるのか、何のために仕事を変える必要があるのか―。そんなギモンも「自分事」として受け止め、「対話」をはじめてみたくなる一冊。　　　　定価◎本体1,800円+税

戦後間もない頃は地方自治特別法が制定されましたが、近年ではこうした立法事例はありません。

地方自治の本旨とはなにか

自治法では、「地方自治の本旨」に関して、この法律が「地方自治の本旨」に基づいていること、地方公共団体に関する法令の規定は「地方自治の本旨」に基づかなければならないこと、その解釈・運用も「地方自治の本旨」に基づくことを定めています（1条、2条11・12項）。

このように憲法や自治法に規定されている「**地方自治の本旨**」について、その詳細は何ら定められておらず、一般的に、次のとおり「**住民自治**」と「**団体自治**」の2つの要素からなると解釈されています。

❖ 住民自治

住民自治は、住民の意思に基づき、地方公共団体の意思決定を行うという原則です。憲法は、地方公共団体の長・議会の議員の直接公選制を定め、自治法では、種々の住民の直接請求等を定めて、住民自治の原則を具体化しています。

❖ 団体自治

団体自治は、国から独立した地域団体（地方公共団体）を設け、この団体が自己の事務を自己の機関により、その団体の責任において処理するという原則です。憲法と自治法は、都道府県や市区町村の設置とともに、こうした団体が条例制定などの権能を有することを規定しています。

2000年の分権改革によってなにが変わったか

こうした地方自治の本旨の具現化は、2000年の分権改革後の自治法にも反映されています。具体的に、地方公共団体は、**住民の福祉の増進**を図ること

を基本として、**地域における行政を自主的・総合的に実施**する役割を広く担うと規定されました（1条の2第1項）。

また、中央集権の象徴的なものとされ、国の機関として地方公共団体に事務処理を行わせる**機関委任事務を廃止**し、**法定受託事務**と**自治事務**に区分しました（2条8・9項）（⇒Lesson 5）。さらに、地方公共団体に機関の設置等を義務付ける**必置規制の見直し**、通達に依存してきた国による地方公共団体**への関与の手続のルール化**、**係争処理機関の設置**などが行われました（⇒Lesson 25・26）。

こうした2000年の分権改革、さらには、その後の改革によって、団体自治の側面は拡充されました。引き続き、住民参加の機会を拡充することで、住民自治の側面を充実させていくことが求められています。

自治権の根拠

自治権の由来としては、次のとおり、**固有説**、**伝来説**、**制度的保障説**といったものがあります。日本の地方自治制度は、制度的保障説に基づくとされます。

固　有　説：国家の成立前から、地方公共団体が自治権を本来有しているとする説

伝　来　説：自治権は、国家の成立によって、国家から与えられたものとする説

制度的保障説：憲法を基本とする制度によって、自治権が保障されているとする説

Lesson 2 地方自治法ってなんで大事なの？

地方自治法の概要と主な改正経過

> ○地方公共団体の組織・運営に関する制度の基本的な事項を定めた法律には、自治法・地方公務員法・地方財政法などがあります。
> ○このうち、自治法は、地方自治の本旨に基づいて、地方公共団体の区分や地方公共団体の組織・運営に関する事項を規定した基本的な法律となっています。

　自治法を一見すると、「252条の17の2第1項ってなんだ」、「条文多いよ」と感じる方もいると思います。戦後、幾度となく改正が行われてきたこともあり条文が多くなっています。これは、国が法律で地方公共団体の運営を規定している密度（規律密度）が高いことの表れであるともいえます。

　このような特徴を持つ自治法は、自治運営の共通ルールを定めたものであり、地域政策に携わる人々が地方自治の仕組みを理解したり、地方公務員が担当する業務を的確に行っていく上で、大変重要なものとなっています。

地方自治法とは

❖ 一般法としての地方自治法

　自治法は地方自治一般に関して定めた**一般法**であり、都市計画法や児童福祉法など、個別の事業を定めた**個別法**とは区別されます。一般法は個別法より優先されるものではありませんが、ほかに規定がない場合には、一般法が適用されます。

　法定受託事務、自治事務といった事務の位置付けをはじめ、個別法の解釈においても、自治法の規定を踏まえる必要があります。

❖ 地方公共団体の組織・運営に関する制度

自治法は、憲法92条が定める地方公共団体の組織・運営に関する事項を定める法律の1つです。

このように地方行政について基本的・一般的な事項を定めた法律としては、図表2－1のとおり、地方公務員法、地方財政法などを挙げることができます。一方、特定の行政分野の組織等を定めたものとして、地方公営企業法などがあります。

これ以外にも個別の事務処理について定めた法律が多く存在し、地方公共団体の個別分野の事務処理を規定しています。

図表2－1　地方公共団体の組織、運営に関する法律

憲法	
組織・運営に関する事項は、地方自治の本旨に基づいて、法律で規定	
自治法	
地方自治の本旨に基づいて、地方公共団体の区分や地方公共団体の組織・運営に関する事項の大綱を規定	
基本的・一般的事項を定める法律	特定の行政分野に関する法律
・公職選挙法 ・地方公務員法 ・地方財政法 ・地方税法 ・地方交付税法　　等	・地方公営企業法 ・地方教育行政の組織及び運営に関する法律 ・警察法 ・消防組織法 ・農業委員会等に関する法律　等

（総務省資料より作成）